Vampire, Wiedergänger und Untote

Auf der Spur der lebenden Toten

Wolfgang Schwerdt

Vampire, Wiedergänger und Untote

Auf der Spur der lebenden Toten

Bibliografische Informationen der Deutschen Nationalbibliothek
Die Deutsche Nationalbibliothek verzeichnet diese Publikation in der Deutschen Nationalbibliografie; detaillierte bibliografische Daten sind im Internet über http://dnb.d-nb.de abrufbar.

ISBN:
978-3-940621-39-9 (Print) //
978-3-86408-047-0 (epub) //
978-3-86408-048-7 (pdf)

Lektorat: Dr. Christian Jerger

Grafisches Gesamtkonzept, Titelgestaltung, Satz und Layout:
Stefan Berndt – www.fototypo.de

Inhalt

Le stryge (Der Vampir), Radierung (1853) von Charles Meryon (1821–1868)

Vorbemerkung:

Die unheilige Gesellschaft

Graf Dracula, der von Bram Stoker geschaffene Romanvampir aus Transsilvanien, hat nicht nur die Vampirvorstellungen der folgenden Generationen bis heute geprägt. Stoker hat ebenfalls die jahrhundertealte Tradition des Volksglaubens von Untoten, Wiedergängern und eben Vampiren in seinem Roman sehr kreativ und phantasievoll verarbeitet. Tatsächlich hat das Phänomen des Vampirs und seiner untoten Kollegen schon vor Dracula nicht nur Stokers literarische Kollegen beschäftigt, sondern auch die abergläubische Gesellschaft des Mittelalters und der Neuzeit, die Kirche und die Wissenschaft.

Die Vorstellung vom Untoten, der seinem Grab entsteigt und die Lebenden heimsucht, speist sich aus ganz unterschiedlichen Quellen. Eine davon ist sicherlich das Phänomen der künstlichen oder natürlichen Erhaltung toter Körper, die die menschliche Kultur seit Jahrtausenden begleitet.

Ohne Vorstellungen über das Verhältnis zwischen der Welt der Toten und der Welt der Lebenden – in der Wissenschaft ein wenig unscharf als Jenseitsvorstellungen bezeichnet – ist die Figur eines Vampirs und anderer Untoter und Wiedergänger nicht denkbar. Solche Vorstellungen lassen sich archäologisch-kulturgeschichtlich bis in die Steinzeit zurückverfolgen und drücken sich in Begriffen wie »Ahnenkult«, »Schamanismus«, »Animismus« aus.

Seit Jahrtausenden sind die Menschen über Bestattungsriten, Tötungs- und Opferrituale bestrebt, das Problem der Einmischung der Verstorbenen in die diesseitigen Angelegenheiten in geordnete Bahnen zu lenken. Beispiele hierfür sind nicht nur die ägyptischen Mumien oder die recht häuslich anmutenden Hügelgrabbestattungen der Skythen oder Kelten, sondern auch die gründliche rituelle Hinrichtung des sogenannten Lindow-Mannes, eines mutmaßlichen keltischen Druiden, der 1984 in einem britischen Torfmoor gefunden wurde.

In vielen Kulturen waren die Toten Teil der Gemeinschaft der Lebenden, als Schädel oder Schädelmaske gar geschätzte, verehrte und körperlich anwesende Mitglieder der Gemeinschaft, mit denen man einen respektvollen Umgang pflegte.

»Andre Zeiten, andre Ahnen« möchte man in Anlehnung an die ebenfalls in diesem Verlag erschienene »Kleine Kulturgeschichte des Drachen« beinahe sagen, denn das Verhältnis zwischen den Lebenden und ihren Vorfahren erfuhr so manche gesellschaftlich-kulturell bedingte Veränderung. Seit der Entwicklung hierarchisch organisierter Zivilisationen, spätestens aber seit der Verbreitung monotheistischer Religionen, geraten die ursprünglich so geschätzten Ahnen ins gesellschaftliche Abseits, werden zu Dämonen, zur Bedrohung, zu gefährlichen Untoten, bösartigen, Seuchen verbreitenden Wiedergängern und in Südosteuropa eben auch zu blutsaugenden Vampiren.

Die moderne literarische Übernahme der Untoten, die ihren Anfang in Kunstfiguren wie Carmilla, Dracula oder Nosferatu des 19. und frühen 20. Jahrhunderts nahm und inzwischen ein ganzes Spektrum neuartiger Wiedergängertypen in Literatur und Film hervorgebracht hat, verliert zunehmend den Anschluss an die kulturgeschichtlichen Ursprünge. Nichtsdestoweniger ist die Entstehung der literarisch-filmischen Untotenkultur eng an die kulturellen und historischen Rahmenbedingungen ihrer jeweiligen Epoche gebunden. Dazu gehört neben den viktorianischen und aufklärerischen Strömungen oder der Orientbesessenheit des 19. Jahrhunderts das Streben nach Spiritualität und klarer Orientierung in unserer modernen Zeit des 20. und 21. Jahrhunderts.

Die Entdeckung der Vampire

1725 erreichte die Kommission für die »Neoacquistica« in Wien der Bericht über das Wüten eines Vampirs im serbischen Dorf Kisolova.[1] Es hieß, in dem Dorf sei ein gewisser Peter Plogojoviz verstorben und bestattet worden. Innerhalb der folgenden acht Tage starben weitere neun Menschen nach 24-stündiger Krankheit. Auf dem Sterbebett berichteten sie, dass der verstorbene Plogojoviz im Schlaf zu ihnen gekommen sei, sich auf sie gelegt und sie gewürgt habe. Schließlich berichtete die Witwe des Verstorbenen, dass ihr toter Mann zu ihr gekommen sei und die Herausgabe seiner Schuhe verlangt habe. Angesichts des mörderischen Untoten hatte sie das Dorf verlassen und sich in einen anderen Ort begeben.

Die Bevölkerung alarmierte den Kameralprovisor, einen kaiserlichen Beamten im Gesundheitswesen des Distrikts von Gradiška, und forderte ihn auf, zusammen mit dem örtlichen Pfarrer der Exhumierung Plogojoviz' beizuwohnen. Der Provisor sollte anhand eindeutiger körperlicher Merkmale des Verstorbenen bestätigen, dass Plogojoviz ein Vampir sei, und der sachgerechten Vernichtung des Untoten beiwohnen.

Wie es sich für einen habsburgischen Beamten gehörte, verwies der Provisor zunächst auf den Dienstweg. Demnach musste er den Vorfall seinen Vorgesetzten in Belgrad melden, um von dort den offiziellen Auftrag zur Untersuchung des Falles zu erhalten. Aber die Dorfbewohner hatten keine Zeit. Sie befürchteten, dass ohne sofortige Vernichtung des Vampirs das ganze Dorf zugrunde gehen würde, so wie es schon einmal unter türkischer Herrschaft geschehen war. Die Antwort an den habsburgischen Beamten war klar. Entweder er würde sofort herbeieilen und die ordnungsgemäße Vernichtung des Untoten legalisieren oder die Bevölkerung würde das Dorf verlassen. Der Provisor entschloss sich, dem Drängen der Dorfbewohner nachzugeben. Als er zusammen mit dem Pfarrer in Kisolova eintraf, hatten die Bewohner das Grab bereits geöffnet. Der Provisor berichtet:

»daß erstlich von solchem Cörper und dessen Grab nicht das mindeste sonst der Todten gemeinen Geruch verspüret; der Cörper, ausser der Nasen, welche etwas abgefallen, ganz frisch; Haar und Barth, ja auch die Nägel, wovon die alten hinweg gefallen, an ihm gewachsen; die alte Haut, welche etwas weißlicht war, hat sich hinweg geschelet, und eine neue frische darunter hervor gethan;

das Gesicht, Hände und Füße, und der ganze Leib waren so beschaffen, dass sie in seinen Lebzeiten nicht hätten vollkommener seyn können; in seinem Munde habe nicht ohne Erstaunen einiges frisches Blut erblicket, welches der gemeinen Aussage nach, er von denen durch ihn umgebrachten gesogen hatte. In Summa, es waren alle indicia vorhanden, welche dergleichen Leute an sich haben sollten.«[2]

Für die Dorfbewohner war der Fall ohnehin klar und so spitzten sie eiligst einen Pfahl und durchstießen damit sachgerecht den Körper des Vampirs, genau durch das Herz. Die Folge war ein Spektakel, das der Provisor folgendermaßen beschreibt: »da denn bey solcher Durchstechung nicht nur allein häuffiges Blut, so ganz frisch, auch durch Ohren und Mund geflossen, sondern noch andere wilde Zeichen (penis erectio) fürgegangen.«[3] Mit der ordnungsgemäßen Einäscherung des Leichnams war die Angelegenheit für die Dorfbevölkerung erledigt.

Für die Menschen der 1718 mit dem Frieden von Passarowitz an Österreich gefallenen osmanischen Gebiete war die Existenz von Vampiren seit Jahrhunderten fester Bestandteil des Volksglaubens. Für die habsburgischen Beamten waren die mysteriösen Todesfälle, von denen immer wieder aus den Dörfern der neu erworbenen Gebiete berichtet wurde, Anlass genauerer Untersuchungen.[4] Bis 1732 blieben die Vampirberichte und amtlichen Untersuchungen weitestgehend behördeninterne Verwaltungsakte. Im Dezember 1731 jedoch wurde der Militärarzt Glaser mit einer

Untersuchung im serbischen Dorf Medvegya beauftragt. 13 Bewohner waren hier nach Auffassung der Einheimischen von einem »Vampyr« ermordet worden. Nach Glasers Untersuchungsbericht wurde eine zweite Untersuchung angeordnet, die der Regimentsfeldscher Johann Flückinger durchführte. Sein Bericht endet mit den Worten:

»Nach geschehener Visitation seynd denen Vampyren die Köpf durch dasige Zigeuners herunter geschlagen und sambt denen Cörpern verbrent, die Aschen davon in den Fluß Morova geworfen, die verwesene Leiber aber widrumb in ihre vorgehende Gräber gelegt worden.«[5]

Während die Angelegenheit bürokratisch gesehen im November 1732 erledigt war, hatte der südosteuropäische Untote bereits seit Anfang desselben Jahres die Aufmerksamkeit der mittel- und westeuropäischen Öffentlichkeit gewonnen. Glasers Vater, ein Wiener Arzt, schickte den Bericht seines Sohnes als Korrespondent an die erste medizinische Wochenschrift in Deutschland, das Nürnberger »Commercium litterarium ad rei medicae et scientiae naturalis incrementum institutum« (1731–1745).[6] Und kaum hatte das Blatt die Geschichte publiziert, fand sie auch Eingang in andere Zeitungen und erreichte damit das Interesse der gebildeten Kreise Europas. Die Berichte über die serbischen Blutsauger verursachten einen Medienhype, in dessen Rahmen offensichtlich auch die Untoten des west- und mitteleuropäischen Aberglaubens ihre Aktivitäten verstärkten. Auch in

Vorrede An den vernünfftigen und Christlichen Leser.

S trat zu Anfange dieses Jahrs derjenige Bericht aus Servien ans Licht, welchen ich §. 2. beygebracht habe. Die wöchentlichen Zeitungē erwehnten auch zu einigen mahlen der Blutsaugers oder Vampirs. Aus der Erzählung stund so viel abzunehmen, daß an den türckischen Grentzen der gemeine Wahn unter dem Volcke im schwange gehe, daß einige abgestorbene Menschen, so albereits begraben worden, des Nachts die Lebendigen beschweren, ihnen die Lufft-Röhre zusammen ziehen und auf der Brust das Bluht aussaugen. Die Umstände zeigen zugleich, daß diejenigen, so über dergleichen Erwürgung und Aussaugung klagen, niemand in

A 3

Originalseite aus dem 1733 erschienenen Traktat »Vernünftige und Christliche Gedancken Uber die Vampirs« von Johann Christoph Harenberg.

wissenschaftlichen Traktaten wurden die Vampire in einem Atemzug mit Wiedergängern anderer Regionen, mit Dämonen und Geistern genannt. Nicht erst mit Dracula, der Kunstfigur Bram Stokers, waren die Konturen des speziellen südosteuropäischen Phänomens Vampir völlig unscharf geworden. Mit den langen Eckzähnen mischten sich Elemente des Werwolfes, mit der Blutsaugerei gar antike Dämonen in das publizistische »Erbgut« des Vampirs. Zedlers Universallexikon weiß 1745 beispielsweise zu berichten:

»Vampyren, oder Blutsauger, diese haben mit den schmatzenden Todten [...] grosse Verwandtschaft. [...] In Polen weiß man auch von solchen Todten vieles zu erzählen, die in ihren Gräbern noch fressen, als Gespenster herum wandern, und die Leute in der Nachbarschaft umbringen sollen. [...] In Schlesien, und zwar in einem Dorffe Hozeploz genannt, sollen die Menschen nach dem Todte sehr oft zu den ihrigen zurückkommen, mit ihnen essen und trincken, ja gar mit ihren hinterlassenen Weibern sich fleischlich vermischen. Wenn reisende Leute zu der Zeit, da sie aus den Gräbern herauskommen, durch das Dorf paßieren, lauffen sie ihnen nach, und hucken auf ihre Rücken.«[7]

Meyers Konversationslexikon informiert den Leser Ende des 19. Jahrhunderts über die vermeintlich gesamteuropäische Vampirfamilie unter Bezugnahme auf das »Traktat von dem Kauen und Schmatzen der Toten in Gräbern« von 1734 folgendermaßen:

»Abarten des Vampirs sind: der Nachzehrer der Mark, der Blutsauger in Preußen und der Gierfraß in Pommern; die Wilis oder Willis, vor der Hochzeit gestorbene Bräute, die jungen Burschen erscheinen, sie zum endlosen Tanz verlocken, bis sie tot hinstürzen. Alle diese Sagen haben sich wohl aus den klassischen Gestalten der Lamien und Empusen (s. d.) entwickelt.«[8]

Tatsächlich war das Interesse vor allem der Obrigkeit an naturwissenschaftlicher Aufklärung größer als die Erforschung der kulturgeschichtlichen Hintergründe des Volksglaubens. In die wissenschaftlichen, also in erster Linie medizinischen Forschungen zum Vampirphänomen fanden bis in die heutige Zeit nahezu ausschließlich die Fälle aus den Dörfern Kisolova und Medvegya Eingang. Kein Wunder, hier konnten sich die Forscher auf die gut dokumentierten umfassenden Untersuchungen stützen, zu denen sogar die Autopsien der Opfer gehörten. Ziel der Untersuchungen durch die Militärärzte war es, dem vampirischen Aberglauben in dieser Region durch wissenschaftliche Erklärungen des Phänomens die Grundlage zu entziehen. Der Grund für dieses nahezu missionarische Aufklärungsbedürfnis war vor allem politischer und wirtschaftlicher Natur.

Ähnlich wie in Kisolova hatten die Bewohner Medvegyas gedroht, aus dem Dorf abzuwandern, wenn man ihnen nicht erlaube, den für die unheimlichen Todesfälle verantwortlich gemachten Vampir nach altem Brauch zu vernichten. Mit der Abwanderung wäre jedoch die Ostgrenze zum Osmanischen Reich preisgegeben worden, denn Medvegya war ein Heiduckendorf, seine Bewohner besoldete Infanteristen mit ihren Familien, die hier zur Grenzsicherung angesiedelt waren.[9] Die Tatsache, dass sich die Vampirmeldungen in der Folgezeit zu häufen begannen, dürfte auch auf ein Schreiben des Militärkommandanten von Belgrad im Jahr 1731 zurückzuführen sein. Dieses erweckte den Eindruck, dass eine Entschädigung für die Exekution von Vampiren geplant sei, in Zusammenhang mit dem Druckmittel Grenzsicherung eine echte Gelddruckmaschine.[10] Als aber den Anträgen auf Entschädigung nicht stattgegeben wurde, verebbte diese Vampirepedemie, an der wohl auch die untersuchenden Militärärzte durch Manipulation ihrer Berichte beteiligt gewesen waren.

Die Häufungen der Todesfälle an bestimmten Orten und zu bestimmten Zeiten lassen sich durchaus durch Seuchen erklären. Die sogenannte Vampirseuche, so ergeben auch moderne Analysen der alten Obduktionsberichte, ist Ergebnis der klimatischen und der Lebensbedingungen in jener Zeit. Das sumpfige Weideland in der Morava-Region, der schlechte Ernährungszustand der Bevölkerung und der extrem trockene Sommer im Jahr 1731 förderten die Ausbreitung des auf den Menschen übertragbaren Milzbrands bei den Schafen. Sowohl die Schilderungen der Krankheitssymptome als auch die bei den Obduktionen ermittelten Befunde liefern ein eindeutiges Bild. So sind gerade die blutigen Flüssigkeitsaustritte in das Gewebe typisch für die verschiedenen Formen des inneren Milzbrands. Unter anderem bei der in Medvegya zuerst verstorbenen alten Milica hatte Flückinger eine entsprechende blutige Flüssigkeitsansammlung in der Brusthöhle festgestellt – für die Dorfbewohner die Bestätigung ihres Verdachtes, dass die Alte ihre zwölf dörflichen Mitbewohner als Vampir auf dem Gewissen hatte. Und auch wissenschaftlich betrachtet sieht es so aus, als sei die Epidemie von der Milica ausgegangen.[11]

Schon im 18. Jahrhundert waren sich die Mediziner darüber im Klaren, dass die vermeintlichen Vampirmerkmale exhumierter Verstorbener Phänomene natürlicher Verwesungsprozesse sind. Auch der Milzbrand und andere Krankheiten waren der Wissenschaft nicht mehr fremd. Der Bevölkerung übrigens auch nicht: Milzbrandepidemien beispielsweise waren Teil des bäuerlichen Lebens der südosteuropäischen »Vampirregion«. Wie die zeitgenössischen Berichte zeigen, waren die Menschen durchaus in der Lage, den Zusammenhang der Todesfälle mit dem Verzehr von »vampyrisiertem« Schafsfleisch in Verbindung zu bringen. So manche der recht merkwürdig anmutenden Maßnahmen gegen Vampire könnte sich bei genauerer Betrachtung sogar als sinnvolle Seuchenprävention entpuppen. Die Vernichtung, vor allem die Verbrennung der »vampyrisierten« Toten als Träger der gefährlichen Milzbrandsporen, macht Sinn, wenn man weiß, dass sich diese Sporen dauerhaft im Boden erhalten können. Manche Wissenschaftler erkennen im Essen der Erde aus einem »Vampirgrab« oder dem Einschmieren mit Blut als Abwehrritual sogar eine Art Impfung.[12]

Der Vollständigkeit halber seien hier noch die wesentlichen anderen Krankheiten aufgelistet, mit denen das Phänomen Vampir medizinisch-wissenschaftlich erklärt werden soll:[13] Tollwut, Schwindsucht, Krebs, Syphilis, Skrofulose (eine Tuberkuloseart), Rachitis oder Porphyrie, eine genetisch bedingte Stoffwechselerkrankung, die unter anderem eine schmerzhafte Lichtempfindlichkeit zur Folge hat. Gerade die Porphyrie, die die Lichtempfindlichkeit und die vermeintlich charakteristische äußere Erscheinung der Vampire wissenschaftlich erklären soll, zeigt beispielhaft, wie wenig die Medizin allein geeignet ist, das Wesen des Vampirs zu erfassen. Im Volksglauben ist nämlich von schmerzhafter Lichtempfindlichkeit nichts zu finden. Zudem ist die Porphyrie als Gendefekt beziehungsweise Erbkrankheit nicht einmal geeignet, die Vampirisierung der Opfer zu erklären. Porphyrie ist naturgemäß nicht ansteckend, zur Auslösung einer Epidemie also völlig ungeeignet. Und so wird die moderne wissenschaftliche Vampirforschung am Ende oft zu einer Plausibilitätsprüfung einzelner Eigenschaften meist moderner literarischer Vampirerfindungen.

Die Vorstellung vom Vampir als Schreckgespenst abergläubischer und rückständiger Völkerschaften im hintersten Winkel des Habsburgerreiches und das geradezu zwanghafte naturwissenschaftliche Erklärungsbedürfnis hatten auch einen politisch-propagandistischen Hintergrund. Während sich in den österreichischen Publikumszeitungen keine Nachrichten über die Vampirvorkommnisse der rumänisch-serbischen Grenzgebiete fanden, wurden sie von den preußischen Medien begierig aufgenommen und verbreitet. Zeitungen waren in jener Zeit ein ausgesprochen populäres

Massenmedium, das sowohl die gebildete Oberschicht als auch die Unterschicht erreichte. Mitte des 18. Jahrhunderts waren Zeitschriften und Zeitungen in Salons und Kaffeehäusern, an den Höfen und in den Bürgerstuben verfügbar. Über die Auslage in den Wirtshäusern, über Lesekreise und Gemeinschaftsabonnements gelangten sie auch zu den niederen Ständen.[14] Diese Reichweite machte das Medium zu einem interessanten Propagandainstrument.

Der Vampirfall von Hermersdorf dokumentiert, wie der südosteuropäische Volksglaube zum Spielball machtpolitischer Interessen wurde. Im Februar 1755 entsandte die Habsburgerin Maria Theresia die Ärzte Johannes Gasser und Christian Wabst zur Untersuchung eines Vorfalls in das schlesische Hermersdorf. Zahlreiche Leichen waren dort – so der Bericht der Ärzte – auf dem örtlichen Friedhof ausgegraben worden, weil sich die Bewohner von Toten »beängstigt und beunruhigt« fühlten. 19 der Toten wurden als vampirisiert erkannt und verbrannt. Und selbstverständlich wurde von der Dorfbevölkerung auch die bereits zuvor verdächtigte Person als Verantwortliche für die Todesserie ausfindig gemacht, die 18 Monate zuvor verstorbene Marianna »Saligerin«, eine Hexe.[15]

Man könnte diesen Fall zu den Akten legen, gäbe es da nicht einige Aspekte, die ihn von den oben beschriebenen unterscheiden. Abgesehen von den üblichen medizinischen Erkenntnissen scheint der Bericht der beiden Ärzte vor allem ein Pamphlet gegen den ländlichen Aberglauben zu sein. Im Gegensatz zur gelehrten Debatte des Jahres 1732 versuchten sie ein Programm gegen den Aberglauben zu formulieren und vor allem »verurteilten die Ärzte in ihrem Bericht die für die Exhumierungen verantwortliche Allianz aus kirchlichen und weltlichen Behörden«.[16] Maria Theresias Hofarzt, Gerard van Swieten, nutzte den Fall für seine Pläne zur Reformation des Gesundheitswesens und der Ärzteausbildung. Ganz im Sinne der Aufklärung hatte er sich den Kampf gegen Aberglauben und Unwissenheit, für Bildung und Wissenschaft auf die Fahnen geschrieben. Als Instrument zur Einführung der »neuen Moral« hatte der Wiener Hofarzt bereits 1751 eine Reform der Zensur durchgesetzt, damit »der Pöbel vor einer Überlastung durch neues und ungewohntes Wissen geschützt und zunächst in der Verwendung des eigenen Verstandes geschult«[17] werden könne. Ganz offensichtlich gehörte der Bericht über den Fall Hermersdorf zum schädlichen Wissen, das konsequenterweise keinen Eingang in die populären Medien des Habsburgerreiches fand. Für den Preußenkönig Friedrich II. war der Fall Hermersdorf dagegen ein gefundenes Fressen. Ganz offensichtlich hatte der kräftig an seinem Image des aufgeklärten Herrschers und dem Großmachtanspruch Preußens arbeitende Konkurrent Maria Theresias entsprechende Berichte in die Berliner Zeitungen lanciert. Dass das aufgrund der Kritik am Aberglauben und an der Inkompetenz der lokalen österreichischen Institutionen und Ärzte ohnehin schon tendenziöse Traktat des habsburgischen Hofarztes in den preußischen Zeitungen journalistisch noch ein wenig aufgearbeitet wurde, versteht sich von selbst. Letztendlich war der schon längst nicht mehr dem Original des Volksglaubens entsprechende Vampir zur »politischen Figur« geworden. Der Vampir verkörperte nicht nur abergläubische Rückständigkeit, sondern symbolisiert als blutsaugendes Monstrum bis heute auch den gierigen Kapitalisten oder den tyrannischen Herrscher.

Das Wesen des Vampirglaubens

Bei genauerer und unvoreingenommener Betrachtung des Volksglaubens erschließt sich die ursprüngliche Funktion des schädigenden Wiedergängers südosteuropäischer Herkunft.[18] Zunächst einmal ist der Vampir des Volksglaubens ein konkreter, individueller Leichnam, der nach seinem Tode leibhaftig weiterexistiert. Er hat in seinem Kern weder etwas mit (Krankheits-)Dämonen, noch mit Werwölfen, noch mit Hexen oder Zauberern zu tun, selbst wenn einzelne Elemente dieser Wesen im Laufe der Jahrhunderte in den Vampirglauben eingeflossen sind. Der echte Vampir ist nie ein liebenswerter Geselle oder auch nur ein harmloser Unsympath. Es liegt in seiner Natur, zu schädigen. Für seine »Lebensaufgabe« verwendet der Tote Magie. Sei es, dass er Mensch und Vieh die

Lebenskraft entzieht – ganz ohne Biss –, sei es, dass er die Ernte verderben lässt. Die Seele des Vampirs kann sich zeitweise vom Körper lösen und dabei die Gestalt anderer Wesen und sogar von Gegenständen annehmen, angefangen bei Fröschen, Flöhen, Wanzen, über Esel, Ziegen oder Katzen, bis hin zum Heuschober oder einem mit Öl gefüllten Ziegenschlauch.[19] Und er kann Herrschaft über niedere Lebewesen ausüben.[20] Sein Erscheinungsbild ist regional unterschiedlich. Er taucht hier als aufgedunsener Leichnam, dort als triefäugig glotzender Unhold, anderenorts ohne Knochen auf. In einer Region treibt er in ganz normaler Alltagskleidung sein Unwesen, woanders hüllt er sich bei seinen Zügen durch die Gemeinde in sein abgewetztes Leichentuch. Bei den Serben schlagen dem Vampir sogar Flammen aus dem Mund, der in anderen Regionen mal mit eisernen Zähnen bestückt, mal blutverschmiert oder beides ist.[21]

Gerade hinsichtlich ihrer Erscheinung, aber auch der Abwehrrituale oder ihrer Entstehung sind Vampire unglaublich vielfältig. Das liegt sowohl an der kulturellen Vielfalt der südosteuropäischen Ethnien als auch an ihrem Austausch. Ganz verschiedene religiöse Strömungen haben die Vorstellungen des Volksglaubens ebenso gespeist wie Einflüsse antiker Kulturen oder durchreisender Völker.[22] »Das Resultat dieser Vielfalt ist Variantenreichtum, der häufig nicht durch die Entwicklung besonders origineller Elemente besticht, sondern durch Neukombination, durch den Zusammenfall der unterschiedlichsten Elemente.«[23]

Originell im Sinne von »einzigartig« ist der südosteuropäische Wiedergänger vor allem in seinem Kern als Blut und Lebensenergie saugender »Grabflüchter« mit vampirisierendem Potenzial. Die Tatsache, dass das Opfer des Vampirs selbst zum Vampir wird, ist also im Gegensatz zum erregenden Halsbiss keine moderne literarische Erfindung.

Vampir zu werden ist gar nicht schwer. Die kleinste Unregelmäßigkeit im Leben, bei der Geburt, beim Tod, bei und selbst nach der Beerdigung kann dazu führen, dass man als Leichnam sein Grab verlässt und seine Gemeinde drangsaliert – wohlgemerkt seine Gemeinde, denn Vampire sind außerordentlich standorttreu. Es ist kein Zufall, dass die Bewohner von Kisolova und Medvegya den Behörden gedroht hatten, sich durch Wegzug in Sicherheit zu bringen.

Das Potenzial an Vampiren ist außerordentlich groß.[24] Es ist also kein Problem, zu einer wann auch immer auftretenden Viehseuche, Dürrekatastrophe oder Todesserie den passenden Wiedergänger aus den Reihen der jeweiligen Dorfgemeinschaft auszumachen. Die Zeugung eines Kindes zu Ostern, am Karfreitag oder in der Fastenzeit, die Geburt an einem Unglückstag, der Fluch der Hebamme, bevor das Kind in den Armen der Mutter liegt, besondere körperliche Merkmale wie Missbildungen oder auch nur ein Muttermal können aus dem Neugeborenen nach seinem Tode einen Vampir machen. Der Kontakt mit einem Vampir, wann immer er zu Lebzeiten auch stattgefunden hat, kann ebenfalls dazu führen, dass der Betroffene nach seinem Tode seine Dorfgenossen als schädigender Wiedergänger heimsucht. Ein Vampirdasein droht auch jenen Verstorbenen, bei deren Trauerfeierlichkeiten rituelle Fehler gemacht wurden oder Störungen welcher Art auch immer aufgetreten sind. Die größte Gruppe der potenziellen Vampire bilden aber die »sozial Andersartigen«, jene Menschen, die ob verschuldet oder unverschuldet Regeln verletzen, die Ordnung stören. So gehören zum gefährdeten (und gefährlichen) Personenkreis arge Flucher, Geizhälse oder gar Menschen, die an Feiertagen arbeiten. Exkommunizierte, ungetauft verstorbene Kinder, Hexen, Zauberer, im Krieg Gefallene, Selbstmörder, Verschwender des Familienvermögens, Wegelagerer, Brandstifter, Schlafwandler, Dirnen oder im hohen Alter Verstorbene stellen nur einen Ausschnitt des gewaltigen Spektrums der südosteuropäischen Vampirisierungsverdächtigen dar.[25] Auf unsere heutigen Verhältnisse übertragen, dürften auch Hartz-IV-Empfänger in diese Aufzählung potenzieller Wiedergänger gehören.

Ebenso komplex wie die Möglichkeiten, zum Vampir zu werden, sind die Abwehrmaßnahmen. Das beginnt mit dem genauesten Einhalten der Trauerriten, um der Transformation eines friedlich Verstorbenen in einen Vampir vorzubeugen. So müssen unbedingt Augen und Mund geschlossen werden, zur Not muss die Kinnlade mit einer Bibel gestützt werden. Eine lückenlose Totenwache soll jede Störung verhindern, nicht einmal ein Tier darf über den aufgebahrten Toten oder das Grab springen oder fliegen, bevor die Beerdigung ordnungsgemäß abgeschlossen ist. Und sollten die Hinterbliebenen allzu laut jammern und heulen, könnte der Tote später ebenfalls zur Rückkehr animiert werden. Kein Wunder, dass auch das Repertoire der Maßnahmen, die ergriffen werden können, wenn die Verwandlung in einen Vampir wahrscheinlich nicht mehr verhindert werden kann, recht umfangreich ist. Da ist beispielsweise das Fischernetz, das in das Grab des Verdächtigen gelegt wird. Natürlich ist das Netz an sich kein Hindernis für den mit übermenschlichen Kräften und magischen Fähigkeiten ausgestatteten Wiedergänger. Aber Vampire leiden unter einem Zählzwang. Erst wenn er alle Knoten des Netzes durchgezählt hat, darf er sich befreien, aus seinem Sarg steigen und die Menschen heimsuchen. So dienen einige der Maßnahmen, zu denen auch die Beigabe von Getreidekörnern gehört, eher dazu, den Lebenden einen zeitlichen Vorsprung für weitere Abwehrmaßnahmen zu verschaffen. Das Zerschneiden von Fuß- und Kniesehnen, Fesselungen und andere körperliche Verstümmelungen und sogar das Pflanzen eines Baumes sollen den Toten vom Verlassen des Grabes abhalten. Und um das Aufblasen des Körpers durch den Teufel und damit die Vampirisierung auf diesem Wege unmöglich zu machen, wird der verdächtige Verstorbene mit Nadeln, Nägeln oder Weißdorn durchlöchert.

Aber die Wahrscheinlichkeit, dass der zum Vampir mutierte Verstorbene nicht am Verlassen seines Grabes gehindert werden kann, ist immer gegeben. Und da der Untote vor allem seine Familie heimzusuchen pflegt, bemüht man sich, alle Hinweise auf seine Herkunft zu verwischen. So muss der Verstorbene sein Todeshaus auf eher unüblichen Wegen verlassen, etwa unter der angehobenen Schwelle hindurch oder durch speziell für diesen Zweck angebrachte Öffnungen in Wand oder Dach. Der Weg zum Friedhof darf natürlich auch nicht geradlinig verlaufen, häufige Pausen vor allem an Kreuzungen, sollen den zukünftig Heimsuchenden verwirren, das auf dem Rückweg verschüttete Wasser Spuren verwischen. Außerdem fürchtet der Vampir das Wasser offensichtlich ebenso wie das Feuer. Diese Eigenschaft machte man sich beispielsweise in Bulgarien zunutze, indem man dem Toten Schießpulver und Streichhölzer in den Gürtel stopfte. Aus Angst, die brennbaren Sachen zu entzünden, so die Hoffnung der Hinterbliebenen, würde sich der Vampir nicht bewegen.[26]

Aber inzwischen sind wir ja in der Phase angelangt, in der der Verstorbene zum Vampir geworden ist und aller Bannrituale zum Trotz doch sein Grab verlässt. Am Ende wird sich nicht jeder Vampir von den Verwirrspielchen irritieren lassen und schließlich doch die Behausungen seiner potenziellen Opfer ausfindig machen. Dort erwartet ihn dann ein letzter ritueller Verteidigungswall mit uns als außenstehenden Betrachtern zum Teil aus der klassischen Literatur bekannten Abwehrmechanismen. Da begegnen uns das Kreuz, mit Pech auf die Eingangstore der Häuser gemalt, oder der Knoblauch, als duftende Versiegelung sämtlicher Öffnungen wie Fenster, Türen oder Schlüssellöcher. Amulette und in die Kleidung eingenähte Weißdornen, das Aufsuchen besonderer für Vampire nicht zugänglicher Orte und sogar das Essen der Erde aus dem Vampirgrab oder das Trinken des Blutes des als Vampir erkannten Leichnams können, so der Volksglaube, vor dem Unhold schützen.

Erst als allerletzter Schritt, wenn alles andere versagt hat, folgt die spektakuläre Vernichtungsaktion: Die Gräber der Verdächtigen werden geöffnet, die Leichen auf ihre Vampirzeichen hin begutachtet und die als Vampir erkannten Verstorbenen gepfählt, geköpft und verbrannt. Auch die Vernichtungsrituale unterscheiden sich von Region zu Region und können ganz spezielle Verfahren beinhalten. In einigen Regionen entnimmt man das Herz des Toten, kocht es in Wein und legt es anschließend wieder in den Leichnam zurück. Und selbstverständlich ist bei der Pfählung nicht nur die Art des verwendeten Holzes oder Gegenstandes, sondern auch das Prozedere bei der Pfählung selbst entscheidend für den Erfolg der letzten Maßnahme. Vor allem die Phase der Vampirvernichtung war es schließlich, die die Aufmerksamkeit der Behörden, die wissenschaftlichen Untersuchungen, die Berichte und gelehrten Traktate des 18. Jahrhunderts hervorgebracht hat.

Bei genauerer Betrachtung des Gesamtkomplexes »Vampirglaube« fällt auf, dass er sich keineswegs in durch Angst motivierten Leichenschändungsexzessen ausdrückt. Gerade der rituelle Stufenplan, der der Vampirvernichtung vorausgeht, diese sogar vermeiden hilft, zeigt, dass das Leben, der Umgang der Gemeinschaft mit dem Andersartigen im Vordergrund stehen. Die Vampir-, also Konfliktprophylaxe steht im Mittelpunkt des gemeinschaftlichen Lebens. Sie zieht sich, wie wir gesehen haben, unabhängig von Krankheiten, Seuchen oder »unheimlichen« Todesserien durch das ganze Leben, von der Geburt bis zum Tod, und bezieht die Verstorbenen durchaus mit ein. Gemeinsame Rituale wirken stabilisierend, identitätsstiftend für eine Gemeinschaft. Und es sind gerade die Unterschiede im Prozedere oder bei den Abwehrmaßnahmen, die die Zugehörigkeit zur jeweiligen Region oder gar Dorfgemeinschaft untermauern und damit gemeinschaftliche Identität und individuelle Sicherheit stiften. Am Ende dient auch die im Einzelfall unvermeidliche Vernichtung des Vampirs der sozialen Stabilisierung. Die Vernichtung des verstorbenen »Sündenbocks« stellt die zuvor gestörte Ordnung, die Normalität wieder her.[27]

Die spezielle Ausprägung des südosteuropäischen Wiedergängers und vor allem seine bis heute auffällige Präsenz im Volksglauben lassen sich auf eine Reihe von Ursachen zurückführen. So liefern weder das orthodoxe Christentum noch der Islam Erklärungen oder gar rituelle Hilfestellungen für die Zeit des Übergangs vom Diesseits ins Jenseits. Die sogenannten linearen Hochreligionen lassen die Menschen ausgerechnet in dieser »Lebensphase« allein. Während nämlich die bäuerlichen Gesellschaften alltäglich erleben, dass nach dem Tod neues Leben entsteht, dass Leben und Sterben Teil eines Kreislaufs sind, bleiben die Hochreligionen beim Übergang vom weltlichen zum finalen ewigen Leben ausgesprochen vage.[28] Ein Jenseits im Sinne einer Welt der Toten haben die Hochreligionen ohnehin nicht zu bieten. Damit greifen für die Übergangsphase vom Leben zum Tod nahezu zwangsläufig die überlieferten naturreligiösen Vorstellungen des über Jahrhunderte überlieferten Volksglaubens, die »rites de passage«. Wiedergänger, also Tote, die sich aus welchen Gründen und in welcher Form auch immer in der Welt der Lebenden herumtreiben, sind fester Bestandteil des Volksglaubens in aller Welt. Der Charakter und das Verhältnis zu den »Grenzgängern zwischen den Welten« unterscheiden sich je nach kulturellen und religiösen Rahmenbedingungen. Zweifellos ist die auffällig starke Verankerung des Wiedergängerglaubens in Südosteuropa auch der pragmatisch motivierten Glaubenstoleranz der osmanischen Herrscher zu verdanken. Schließlich waren die »Vampirregionen« über Jahrhunderte als Teil des Osmanischen Reiches von den kulturellen Entwicklungen des römisch-christlichen Abendlandes weitgehend isoliert.[29] Damit konnten die seit Jahrhunderten mündlich übertragenen Volksmythen und -riten kultiviert und schließlich unter den Rahmenbedingungen der christlichen Orthodoxie und des Islam zum einzigartigen Vampirmythos weiterentwickelt werden.

Archäologischer Aberglaube und die europäischen Vampirkollegen

Angst vor Wiedergängern ist ein beliebtes Motiv, mit dem Archäologen auffällige Manipulationen an Bestatteten vergangener Zeiten erklären. Tatsächlich kommen Funde offensichtlich rituell verstümmelter, gefesselter oder gar gepfählter Verstorbener in den Gräbern der letzten Jahrtausende gar nicht so selten vor. Sowohl opulente Grabbeigaben als auch beschädigte Waffen, dicke Steinpackungen, mit Stricken umwickelte Särge oder andere Maßnahmen deuten darauf hin, dass die Menschen alles daransetzten, eine Wiederkehr der Verstorbenen in die Welt der Lebenden zu verhindern. Gestützt auf Volksglauben, Mythen und Legenden, deren jahrhundertealte Traditionen einen Rückschluss auf die Vergangenheit zu erlauben scheinen, werden Angst und Unwissenheit als

Motive für vermeintliche Abwehrriten ungemein plausibel. Und so ist es kein Zufall, dass Schlagzeilen wie »Forscher graben Vampir aus«, »Reste von Vampiren entdeckt« oder »Vampir-Skelett in Venedig entdeckt«[30] durch die Presse geistern. Selbst wenn man davon ausgeht, dass der Sensation halber für die große Familie der Wiedergänger der Begriff »Vampir« gewählt wurde, bleibt zweifelhaft, ob die jeweils aufgefundenen Leichenmanipulationen tatsächlich als Beleg für die Angst der Menschen vor zurückkehrenden Toten zu werten sind. Geschichten über Wiedergänger außerhalb Südosteuropas finden sich bereits in der mittelalterlichen Literatur des 12. Jahrhunderts. So soll nach der »Historia Rerum Anglicarum« des William von Newburgh im Jahr 1196 ein Mann aus seinem Grab zurückgekehrt sein und die Menschen seines Heimatortes Berwick in Schrecken versetzt haben.[31] Aus dem 13. Jahrhundert berichtet der Mönch und Chronist Caesarius von Heisterbach von einem Wiedergänger namens Heinrich der Knoten im Bistum Trier. Weitere Hinweise auf Tote, die ihre Gräber verlassen haben, finden sich mehrfach in der mittelalterlichen Literatur. Die Vermutung, dass das Konzept des schädigenden Wiedergängers bereits im frühen Mittelalter im Volksglauben existierte, ist daher durchaus erlaubt.[32] Über die Verbreitung, die Ursprünge oder gar Bedeutung dieser Figur sagen die literarischen Hinweise allerdings nichts aus. Und auch die Antwort auf die Frage, ob und in welcher Form in Vor- und Frühgeschichte Untote zur Vorstellungswelt der Menschen gehörten, lässt sich aus den mittelalterlichen Quellen nicht ableiten. Denn das grundsätzliche Problem mit den schriftlichen Quellen über die Glaubensvorstellungen schriftloser Kulturen schlägt sich naturgemäß auch auf die Wiedergängerfrage nieder. Die Niederschrift nichtchristlicher Glaubens- und Weltvorstellungen im Mittelalter oder die Dokumentationen des Volksglaubens in der Neuzeit sind zwangsläufig geprägt von der Vorstellungs- und Lebenswelt, von kulturellen Vorurteilen der jeweiligen Verfasser.[33] Das institutionalisierte Christentum basiert auf Furcht, Ängsten und Bedrohungen. Erbsünde, Gottesfurcht, Jüngstes Gericht, Teufel sind die geistigen Kernelemente der christlichen Welt des Mittelalters. Nur vor dem Hintergrund der Vorstellung einer prinzipiell bedrohlichen Welt lässt sich eine Heilslehre, eine Erlösungsreligion konzipieren und vermitteln. Eine Kultur, in der sich Menschen beispielsweise durch wiederkehrende Tote, Geister oder Dämonen nicht bedroht fühlen könnten, lag nicht nur für die mittelalterlichen Chronisten naturgemäß außerhalb ihrer Vorstellungskraft.

Bereits in der biblischen Archäologie konnte man das Phänomen der religiös-kulturellen Vorurteile bei der Interpretation von Fundsituationen beobachten.[34] Die Bewertung von sogenannten Sonderbestattungen wirft ganz ähnliche Probleme auf, wie Hagen Schaub in seinem Aufsatz »Knochen und Bestattungsriten. Die Bedeutung archäologischer Funde zum Wiedergänger- bzw. Vampirglauben«[35] verdeutlicht. Als sogenannte Sonderbestattungen gelten Funde, die im Vergleich zu den in einer Kultur und Epoche üblichen Bestattungsformen ungewöhnlich erscheinen. Dazu gehören Leichenfesselungen, Nagelungen, Zerstückelungen oder auch besondere Grabbeigaben, wie Kornähren und andere Utensilien. Am Beispiel der Kornähren sei hier einmal die grundsätzliche Problematik erläutert. Im vorigen Kapitel wurde bereits auf den Zählzwang des Vampirs hingewiesen. Aus diesem Grunde, so die Tradition in bestimmten südosteuropäischen Regionen, werden Getreidekörner in den Sarg potenzieller Vampire gelegt, damit der mögliche Wiedergänger über das Zählen von seinen mörderischen Streifzügen so lange wie möglich abgehalten wird. Ein fiktives westeuropäisches Grab beispielsweise aus der römischen Kaiserzeit mit Kornähren als Beigabe legt vor diesem Hintergrund zunächst die Vermutung nahe, dass auch hier der Vampirglaube vorhanden war. Findet man möglicherweise auch noch eine Leichenfesselung, so scheint die archäologische Sensation perfekt. Dass hier nichts anderes als ein unzulässiger Zirkelschluss vorliegt, wurde in der Archäologie lange Zeit nicht erkannt. Vor dem geistigen Hintergrund einer christlichen Leitkultur schriftlich fixierte Volksmythen über Wiedergänger lieferten die Grundlage zur Interpretation der vorchristlichen Fundsituation. Diese Interpretation wurde im Umkehrschluss als archäologischer Beleg für das Vorhandensein der Wiedergängervorstellungen in der Epoche, Kultur und Region gewertet, in der die Bestattung erfolgte. Über diesen Zirkelschluss wird eine zeitlich und kulturell universelle Vorstellung vom schädigenden Wiedergänger suggeriert. Daher werden auch Fundsituationen wie Steinpackungen oder Bestattungen in Bauchlage als

Bannmaßnahmen gegen Wiedergänger interpretiert, obwohl sie keine Entsprechung im Volksglauben finden, sondern diesem aufgrund der Fundinterpretation nachträglich untergeschoben werden.

Dass die Wissenschaft auch heute nicht frei von Zirkelschlüssen ist und dabei gelegentlich mit den Fakten nicht sonderlich zimperlich ist, zeigt der Fall der »Vampirin von Venedig«. Im SPIEGEL Online vom 14. März 2009 wird unter dem Titel »Forscher graben Vampir aus«[36] über einen vermeintlich sensationellen Fund berichtet. 2006 haben Archäologen auf der Insel Lazzaretto Nuovo in einer Lagune bei Venedig das Skelett einer Frau ausgegraben, der ein pfahlartiger Stein in den Mund gerammt worden war. Die vermeintlich gepfählten Überreste der etwa 60-jährigen Frau wurden in einem Massengrab von Pestopfern aus dem Jahr 1576 gefunden. Der schließlich 2009 unter anderem über die Nachrichtenagentur AP verbreitete sensationelle »Vampirfund von Venedig« erfuhr eine große Medienresonanz.[37] »Vampire gibt es nicht«, zitiert SPIEGEL Online den Archäologen und Anthropologen der Universität von Florenz, Matteo Borrini, »aber der Fund zeigt, dass die Leute damals an sie glaubten«. Als wäre diese Schlussfolgerung nicht schon gewagt genug, folgt die Aussage: »Zum ersten Mal haben wir den Beleg für den Exorzismus eines Vampirs.« Dass es sich um den Beleg für den »Exorzismus eines Vampirs« handelt, untermauert Borrini nach den Medienberichten mit Hinweisen auf mittelalterliche Texte über Wiedergänger und auf Leichentuchfresser, die sich von Kleidungsstücken ernährten und aus dem Grab heraus Seuchen verbreiteten. Und nicht zuletzt weiß Borrini offensichtlich, dass es Volksglaube gewesen sei, einem Vampir einen Stein in den Mund stopfen zu müssen, damit er kein Blut mehr saugen könne und verhungern müsse. Man mag auch in diesem Fall den Medien eine gewisse ausschmückende Phantasie unterstellen. Aber selbst dann sind die publizierten Schlussfolgerungen Borrinis reine Spekulation vor dem Hintergrund von Zirkelschlüssen auf der Basis einer gehörigen Portion Unkenntnis des regional sehr differenzierten Wiedergängerglaubens. Für Ethnologen ist klar, dass es sich bei der Dame aus Venedig nicht um den nur in Südosteuropa heimischen Vampir handeln kann. Dass der erwähnte »Leichentuchfresser« ohnehin nichts mit vampirischen Wiedergängern zu tun hat, weil er als »schmatzender Toter« sein Grab nicht verlässt, ist spätestens seit der ausführlichen gelehrten Diskussion von 1732 kein Geheimnis mehr. Auch Exorzismus, also christliche Teufels- und Dämonenaustreibung, ist mit dem Wiedergängerphänomen kaum in Einklang zu bringen. Wiedergänger sind weder Dämonen noch von Dämonen besessen, sie sind schlichtweg tote Menschen, die ihre Gräber verlassen und sich bemühen, ihre Angehörigen umzubringen. Und nicht zuletzt ist es ja gerade die rituelle Lücke in den Hochreligionen, die den Wiedergängern ihren Platz im Volksglauben sichert. Exorzismus zur Vampir- oder Wiedergängerbannung ist zwar nicht gänzlich undenkbar, aber alles andere als plausibel.

Die Interpretationsvorschläge, die Schaub für auffällige Fundsituationen in seinem Aufsatz anbietet, zeigen, dass die Archäologie in Wirklichkeit nur sehr beschränkt Aussagen über die geistige Welt der Vergangenheit treffen kann.

»Ob man beispielsweise den Fund einer Kornähre in einem Sarg nur damit erklären möchte, dass der betreffende Tote im Sommer bestattet wurde und diese Ähre zufällig in den Sarg geriet, oder ob man die Ähre mit dem Glauben an Korndämonen oder gar mit Wiedergängern in Zusammenhang bringen möchte, ist Ansichtssache.«[38]

Auch hinsichtlich der Fesselungen sei hier nur eine von mehreren Erklärungsmöglichkeiten vorgestellt, die nichts mit Wiedergängervorstellungen zu tun haben:

»Tote in Gruftanlagen könnten auch zur Transportsicherung verschnürt worden sein, da die Zugänge zu einer Gruft oft sehr schmal waren und man die Särge dann mehr oder weniger hochkant in die Gruft hinablassen musste. Ein ungesicherter Leichnam könnte dabei ruckartig nach unten sacken und für eine plötzliche und nicht unerhebliche Gewichtsverschiebung sorgen, was zu Unfällen führen kann.«[39]

Und nicht zuletzt können auch Steine auf natürliche Weise bei Erdsenkungen oder Erdarbeiten in »verdächtige« Positionen auf, an oder in eine Leiche gelangt sein.

Holzschnitt von 1591. Das Bild zeigt verschiedene Versionen der Hinrichtungsart durch das Rad. Andere Abbildungen aus dem Werk »Trattato degli instrumenti di martirio e delle varie maniere di martirizare« des römischen Geistlichen Antonio Gallonio zeigen unter anderem das lebendige Begraben gefesselter Delinquenten.

Zugegeben, das klingt sehr pragmatisch und kann so manchem überzeugten »Vampirforscher« schon ein wenig die Laune verderben. Im Gegensatz dazu bietet wenigstens die noch recht junge Richtstättenforschung eine spannende Erklärung vor allem für die örtliche Häufung zerstückelter und genagelter Leichname. Schaub listet eine ganze Reihe Bestattungsfunde auf, die in der Vergangenheit mit Wiedergängervorstellungen in Verbindung gebracht wurden.[40] In Groß Lahse oder Groß Sürding in Schlesien hatte man Leichen gefunden, deren Kopf zwischen den Beinen lag. Die aus dem 10./11. Jahrhundert stammende Nekropole von Čelákovice mit abgetrennten Köpfen, möglichen Fesselungen und einigen Skeletten in Bauchlage galt lange Zeit als »Vampirfriedhof«. Abgetrennte Köpfe, die durch Steinbrocken ersetzt wurden, oder ähnliche Arrangements fanden sich in der karolingisch-ottonischen Nekropole von Mockersdorf, im frühmittelalterlichen Gräberfeld am Lauscheberg bei Kleinjena oder auf einem slawischen Gräberfeld im Wendland aus dem 9. bis 11. Jahrhundert. In den meisten dieser Fälle, vor allem aber im Falle des »Vampirfriedhofs von Čelákovice«, konnte inzwischen plausibel nachgewiesen werden, dass es sich ganz offensichtlich um Bestattungen von Opfern nahe gelegener Hinrichtungsstätten handelte. Und wer sich einmal mit den mittelalterlichen Hinrichtungsarten auseinandergesetzt hat, der kann sich den Zustand beispielsweise »geräderter« Delinquenten vorstellen. Es ist zwar durchaus vorstellbar, dass die auf diese Weise Hingerichteten als Tote nicht mehr sonderlich mobil sind, als Beleg für einen allgemeinen Wiedergängerglauben taugen diese Funde jedoch nicht.[41]

Verallgemeinerungen sind beim Thema »Umgehende Tote« ohnehin nicht angesagt. Bereits die Rituale und Details des speziellen südosteuropäischen Vampirglaubens unterscheiden sich dort von Region zu Region, ja oft von Dorf zu Dorf. Nicht anders dürfte es sich bei den Vorstellungen und Ritualen in Zusammenhang mit weiterlebenden Verstorbenen auch im Rest Europas verhalten. Tatsächlich finden wir auch beim mitteleuropäischen sogenannten Nachzehrer regionale Unterschiede. Der Nachzehrer bleibt üblicherweise in seinem Grab, verzehrt sein Totenhemd oder Leichentuch und entzieht dadurch seinen Angehörigen, Freunden oder Dorfnachbarn ihre Lebenskraft, bis sie sterben.[42] Geht dem Nachzehrer die textile Leibspeise aus, ist es mit seinem »Spuk« vorbei, zumal er im Gegensatz zum Vampir keine »Nachkommen« produziert. Ausnahmen bestätigen die Regel. Nirgendwo sonst gilt die Feststellung mehr als bei den Eigenschaften der verschiedenen mehr oder weniger schädigenden Toten. So kann der Nachzehrer im Einzelfall eben doch sein Grab verlassen. Meist ein wenig harmloser ist Nachzehrers Kollege, der »schmatzende Tote«. Auch der verspeist seine Klamotten, verursacht dabei aber vor allem recht unkultivierte Geräusche, die wissenschaftlich betrachtet auf Verwesungsprozesse zurückzuführen sind. Der »schmatzende Tote« wirkt vor allem durch Pestepidemien schädigend auf die Lebenden. Sein Schmatzen kann aber auch folgenlos bleiben.[43]

Auch der »gemeine« Wiedergänger,[44] dessen spezielle südosteuropäische Ausgestaltung der Vampir ist, kehrt

Relief von Hans Leinberger (1480–1531) mit dem Titel »Bischof von Toten bedrängt«.

in die Welt der Lebenden zurück. Das Motivationsspektrum ist dabei unglaublich breit. Die unerledigte Aufgabe ist eine Möglichkeit, Rache kann eine andere sein. Der Wunsch eines vermissten tödlich Verunglückten, gefunden und ordnungsgemäß bestattet zu werden oder einen Hinterbliebenen vor etwas zu warnen oder zu beschützen, ist ebenfalls ein Grund, die Lebenden heimzusuchen. Der körperlich auftretende Wiedergänger kann, muss aber nicht schädigend sein. Oft ist die Grenze zur geisterhaften Spukgestalt unscharf, ein todbringendes Ungeheuer wie Vampir oder Nachzehrer ist der gewöhnliche mittel- und westeuropäische Wiedergänger nur selten. Dann aber kann er sogar zum bluttrinkenden und menschenfressenden Ungeheuer werden.

Während Nachzehrer, »schmatzende Tote« und Wiedergänger aller Art eine Ausnahme vom üblichen Werdegang eines Verstorbenen darstellen, ist der sogenannte »lebende Leichnam« die Regel.

Hinter der Vorstellung vom »lebenden Leichnam« verbirgt sich nichts anderes als die Tatsache, dass das Leben nach dem letzten Atemzug nicht einfach vorüber ist. Die moderne Medizin unterscheidet mehrere Phasen des Todes. Das beginnt mit dem klinischen Tod, es folgen der Hirn- oder Individualtod und schließlich der biologische Tod.[45] Jede Phase hat ihre spezifischen Merkmale, der Verstorbene ist auch sichtbar auf dem Weg ins Jenseits.

Die sicherlich uralte Vorstellung, dass sich der Tote nach seinem Dahinscheiden auf den Weg in eine andere Welt des gemeinsamen Universums begibt, dürfte in der konkreten Beobachtung des Todesprozesses eine ihrer Ursachen haben. Eine andere mag in der naturreligiösen Vorstellung auf der Basis des natürlichen jahreszeitlichen Kreislaufs liegen. Das Leben, so die Erfahrungswelt seit der Frühgeschichte, erneuert sich ständig, Tod ist nichts Endgültiges. Der praktische Umgang mit dieser allgemeinen natürlichen Erkenntnis ist es, der sich in unterschiedlichen Gesellschaften zu unterschiedlichen Zeiten kulturell so vielfältig ausdrückt. Sowohl die konkreten Vorstellungen über die Passage ins Jenseits und das Leben der Verstorbenen im Jenseits als Regelfall als auch die Ergebnisse des »Störfalls« und seiner Folgen können selbst aber kein kulturelles Allgemeingut der Menschheit sein. Sie sind jeweils kulturelle Ausdrucksform der konkreten sozialen Gemeinschaft.

Machen wir also einen Streifzug durch Zeit und Raum und betrachten wir unter weitgehendem Verzicht auf Interpretationen auf der Basis von Eurozentrismus und christlicher Leitkultur Modelle und Entwicklungen des sozialen Verhältnisses zwischen Lebenden und Toten.

Leben mit den Toten –

Ahnen, Mumien, Schrumpfköpfe

Betrachtet man das offensichtlich traute Zusammenleben der Bewohner des anatolischen Riesendorfes Çatalhöyük mit den Verstorbenen der Gemeinschaft, so scheint der Begriff »Angst vor Toten und Wiedergängern« in diesem Zusammenhang nicht gerade naheliegend. Tatsächlich wissen wir über die religiösen Vorstellungen der Menschen dieses Ortes rein gar nichts. Entsprechende Interpretationen auf der Grundlage der dieser Kultur zugeordneten Heiligtümer und ihrer opulenten, aber rätselhaften Bildersprache wären reine Spekulation. Für den Übergang von der Jäger-und-Sammler- zur Ackerbaugesellschaft war die etwa 7400 vor unserer Zeitrechnung entstandene Siedlung mit ihren rund 8.000 lebenden Bewohnern bereits erstaunlich weit entwickelt. Töpferei, Webkunst,

Obsidianverarbeitung und die Herstellung von Figuren, Idolen und Siegeln waren den Bewohnern des Ortes ebenso vertraut wie der überregionale Handel beispielsweise mit Mesopotamien. Die einstöckigen Lehmziegelhäuser mit mehreren Zimmern, gipsverputzten Wänden und unterschiedlichen Funktionsbereichen standen so dicht nebeneinander, dass sie nur über die Dächer zugänglich waren.[46] In diesen auf den ersten Blick gemütlich anmutenden Häusern wohnten die lebenden und toten Familienangehörigen sozusagen Seite an Seite. Der Begriff »Leichen im Keller« darf in der anatolischen Steinzeitsiedlung also durchaus wörtlich genommen werden. Denn die Verstorbenen wurden im Fußboden der Wohnhäuser beerdigt. Die größeren verstorbenen Kinder und Erwachsenen fanden – eingewickelt in Schilfmatten – ihren Platz unter den erhöhten Schlafstellen der Lebenden. Vermutlich bei der Geburt verstorbene Säuglinge tummelten sich in einem Bereich rund um den Herd. War der Boden vollständig mit verstorbenen Familienmitgliedern belegt, wurde der Boden verfüllt und das Haus entsprechend erhöht. Schicht um Schicht wuchs auf diese Weise die Stadt auf den Gebeinen der Ahnen in die Höhe.[47]

»So konnten die Einwohner von Çatalhöyük in enger Verbindung mit ihren zum Teil schon seit Jahrhunderten verstorbenen Ahnen leben, und der stetig wachsende Siedlungshügel – der sich bis zu zwanzig Meter über der umgebenden Ebene erhob und aus 18 Wohnschichten bestand – stellte die sichtbare Verkörperung ihrer Gruppenidentität und soziokulturellen Werte dar.«[48]

Dass sich die »Fußbodenbestattung« nicht nur auf früheste Zeiten und den Ort Çatalhöyük beschränkt, zeigen die Ausgrabungen am Tell Habuba-Kabira in Syrien. Auch hier wurde ein Grab unter dem Fußboden eines Wohnhauses (um 2300 v. Chr.) gefunden. Die Vertiefung wurde nach der Bestattung mit einem neuen Ziegelboden überdeckt. Schalen und Gefäße als Grabbeigaben befinden sich vor dem Unterkörper des Toten, der mit leicht angezogenen Beinen auf der Seite liegt.

Bemerkenswert ist übrigens, dass einigen der Verstorbenen der Kopf fehlte. Spekulationen gehen dahin, dass es sich hier um besonders wichtige Ahnen gehandelt haben könnte, deren Schädel, möglicherweise mit Gips übermodelliert und bemalt, an besonderer Stelle im Haus aufbewahrt wurde.[49] Auch wenn dieser Gedanke nicht ganz von der Hand zu weisen ist, einen Beweis hierfür gibt es nicht. Als nahezu gesichert dürfte allerdings die Annahme gelten, dass der fehlende Kopf nicht auf ein Bannritual gegen Wiedergänger hinweist. Bei einem derartig innigen Familienleben mit den körperlich ständig anwesenden Verstorbenen dürfte sich die Angst vor den Toten wohl sehr in Grenzen gehalten haben.

Übermodellierte menschliche Schädel, datiert zwischen 9000 und 6000 vor unserer Zeitrechnung, haben die Archäologen vor allem in Vorderasien gefunden, in Jericho beispielsweise gleich mehrfach, oft fast lebensecht gestaltet. Nach Annahme der Wissenschaftler sollten sie die toten Individuen selbst darstellen und den Lebenden ermöglichen, in die Rolle ihrer Ahnen zu schlüpfen.[50] Zu diesem Zweck waren die Schädel als Masken gearbeitet. Sogenannte Schädelmasken, also menschliche (aber auch tierische) Schädel als Masken, sind »ein weltweit nicht nur ethnographisch, sondern auch archäologisch zu beobachtendes Phänomen«,[51] nicht zuletzt sind Schädelmasken auch von den sibirischen Schamanen bekannt. Entsprechend präparierte, jedoch nicht übermodellierte Schädelmasken finden sich auch in europäischen Siedlungen der Trichterbecher- beziehungsweise frühen Schnurkeramik-Kultur

Übermodellierter Ahnenschädel aus Papua-Neuguinea, Ethnologische Lehr- und Forschungssammlung der Georg-August-Universität Göttingen.

aus dem 3. Jahrtausend vor unserer Zeitrechnung. Völkerkundliche Beobachtungen beispielsweise in Südamerika oder Ozeanien weisen darauf hin, dass der Maskenträger zu entsprechenden Anlässen nicht nur in die Rolle des Verstorbenen schlüpfte, sondern zur Person des Verstorbenen wurde – in gewisser Weise ein Wiedergänger der sozialen Art.

Dass die Verstorbenen verehrungswürdige und allgegenwärtige Familien- oder Gemeinschaftsmitglieder sein können, belegen die Sitten und Bräuche der verschiedenen Regionen Ozeaniens.[52] Vor allem auf den Inseln des südöstlichen Teils Asiens über Neuguinea bis zu den Osterinseln finden sich ebenfalls übermodellierte Schädelmasken. Zudem kennt der gewaltige polynesische Raum auch die rituelle Mumifizierung. Lufttrocknung und Einbalsamierung sind hier überliefert, wobei im Einzelfall sogar aus Ägypten bekannte Techniken, wie beispielsweise die Entfernung des Gehirns durch die Nase, zum Einsatz kamen. Mumifizierung war in Australien und Ozeanien allerdings nicht als dauerhafte Konservierung gedacht. Der konservierte Leichnam diente vielmehr ganz verschiedenen kultischen und rituellen Zwecken, je nach den jeweiligen Jenseitsvorstellungen der einzelnen Kulturen. Insofern war auch der Umgang mit den mumifizierten Körpern der Verstorbenen recht unterschiedlich. Während die einen an speziellen Orten in der Natur aufbewahrt wurden, nahmen die Körper der Verstorbenen bei anderen Kulturgruppen beispielsweise weiterhin am täglichen Leben ihrer Familie teil.

Ahnen mit Überblick. Ähnlich wie bei den Moni in Neuguinea bestatteten die Assiniboine, eine der »first nations« Amerikas, ihre Toten auf Plattformen. Ob sich daraus gleiche Jenseitsvorstellungen ableiten lassen, darf angesichts der ganz unterschiedlichen kulturellen Rahmenbedingungen bezweifelt werden. Vom Schweizer Maler Karl Bodmer, ca. 1840–1843.

Allen Mumien war jedoch gemeinsam, dass sie nach einem gewissen Zeitraum, oft handelte es sich dabei um Jahre, unter großer Anteilnahme schließlich endgültig bestattet wurden. Beim Volk der Moni im Westen Neuguineas beispielsweise wurden Tote sechs Wochen lang über Feuer getrocknet und die restlichen Körpersäfte anschließend mit trockenem Moos aufgesaugt. Danach fanden sie für längere Zeit ihren Platz auf Plattformen im Freien, wo sie nach dem Volksglauben frei herumstreifen konnten.[53] In Polynesien zogen wohlhabende Verstorbene nach ihrer Mumifizierung in ein speziell für sie errichtetes Haus. Hier wurden sie ein Jahr lang versorgt. Essen wurde geliefert, die Besucher berichteten von Neuigkeiten und die Verstorbenen wurden »als Zugeständnis an neue Zeiten [mit] Radioprogrammen versorgt. Der Tote war nach dem Glauben der Hinterbliebenen nicht tot, sondern in todesähnlichen Schlaf gefallen. Dennoch wurde parallel zur beschriebenen Pflege das Begräbnis aufwendig vorbereitet und Verwandte im In- und Ausland eingeladen.«[54]

Das Verhältnis zu den Toten hat auch bei den Maori in Neuseeland eine recht spezielle Ausprägung. Hier seien nur die »Schrumpfköpfe« erwähnt, die beliebten Ausstellungsobjekte in den Völkerkundemuseen dieser Welt. Die vermitteln nicht nur einen gewissen Schauder, sie haben tatsächlich auch eine enge Beziehung zum Kannibalismus. Noch bis ins 19. Jahrhundert aßen beispielsweise die Maori Teile ihrer ermordeten Gegner, um deren Kraft aufzunehmen. Und auch das Sammeln und die Zurschaustellung der Köpfe waren fester Bestandteil der Maori-Kultur.[55] Dabei waren es nicht nur die Köpfe der Feinde, die die Maori stolz präsentierten. Auch die prächtig tätowierten Köpfe ihrer Häuptlinge wurden nach deren Ableben sorgfältig präpariert und ausgestellt. Mit fäulnishemmenden Kräutern, die zugleich das Austrocknen förderten, wurde der Schädel ausgestopft und vermutlich auch über Öfen getrocknet, so dass ein klassischer neuseeländischer Schrumpfkopf entstand. Die konservierten Maori-Köpfe spielten eine wichtige kulturelle Rolle in der voreuropäischen Kultur Neuseelands. Da ging es um Kommunikation mit den Ahnen, um identitätsstiftende kultische Verrichtungen und nicht zuletzt um Propaganda gegenüber anderen Clans. Die Sammelwut der europäischen Entdecker führte schließlich aber zu einer Massenproduktion von Schrumpfköpfen. Die Europäer zahlten gute Preise und die Maori lieferten, zunächst die traditionellen Köpfe ihrer eigenen Häuptlinge, dann die nachträglich mit Tätowierungen veredelten Köpfe verstorbener Sklaven, also Fälschungen. Schließlich ging man sogar gezielt auf Kopfjagd, um den steigenden Bedarf der zahlungskräftigen Händler und Museen zu befriedigen.

Selbstverständlich ist das Verhältnis zwischen Lebenden und Toten auch in der Südsee nicht immer unproblematisch. Auch in Ozeanien hat der falsche Umgang mit den Verstorbenen, haben rituelle Patzer ihre Folgen. So rechnen die Papua, die Polynesier oder die australischen Aborigines im Einzelfall mit dem Umhergeistern von mit ihrer Behandlung unzufriedenen Ahnen. Für den Außenstehenden kaum verständliche Tabusysteme mit Verhaltensvorschriften, sozialen und spirituellen Sanktionen prägen das Leben der ozeanischen Gesellschaften, in die eben auch die Verstorbenen mit einbezogen sind.[56] Trotzdem oder gerade deshalb wäre eine Vorstellung von »heidnischer«, im allgemeinen Sprachgebrauch eben Heidenangst vor mörderischen Wiedergängern oder beleidigten Ahnengeistern sicherlich nur aus christlich-abendländisch geprägter Sicht gerechtfertigt. Denn bei einer intensiven Auseinandersetzung mit den Ritualen, Tabus und Manas erschließt sich dem unvoreingenommenen Betrachter eine erstaunlich rationale soziale Anpassung der schriftlosen Kulturen an die besonderen Lebensanforderungen der ozeanischen Inselwelt.[57]

»Westliche« Interpretationen finden sich übrigens auch bei der Betrachtung chinesischer Bestattungen und Quellen. So schickt Jeanette Werning von den Reiss-Engelhorn-Museen ihrer Interpretation der Hintergründe der chinesischen Mumifizierungs- und Bestattungspraktiken im Begleitband zur Ausstellung »Mumien. Der Traum vom ewigen Leben« folgende Gedanken voraus:

»Der Tod bedeutet ein schockierendes Ereignis. Seine einschneidenden Folgen für die seelischen und wirtschaftlichen Beziehungen der Hinterbliebenen, seine Endgültigkeit und das Entsetzen über die Art der körperlichen Auflösung haben selbstverständlich auch die Bevölkerungen Chinas durch alle Zeiten hindurch nach Auswegen, Ausflüchten suchen lassen. […] Zugleich lässt

die aus Unsicherheit geborene Furcht Tote als mögliche Gefahr begreifen und so versuchen die Lebenden, sich von ihnen abzugrenzen.«[58]

Und so erscheint es selbstverständlich, dass vor allem die in den Gräbern der Provinz Xinjiang gefundenen natürlich mumifizierten Toten als potenzielle Wiedergänger betrachtet werden. Hier fanden sich mit reichen Beigaben ausgestattete und gelegentlich auch an Händen und Füßen gefesselte Mumien. Die Schlussfolgerung der Wissenschaftlerin:

»Zugleich versuchte man die Toten an ihren neuen Ort zu binden: Mit materiellen Annehmlichkeiten als Grabbeigaben, gewohnt oder gewünscht wie in der Welt der Lebenden; und auch im buchstäblichen Sinne durch Fesselung von Füßen und Händen.«[59]

Schriftzeugnisse über die Jenseitsvorstellungen und Riten der Bewohner der chinesischen Randprovinz, deren Gräber möglicherweise bis ins zweite vorchristliche Jahrtausend zurückdatiert werden können, gibt es allerdings nicht. Dafür aber verfügen wir über die philosophischen Werke und andere schriftliche Zeugnisse aus dem chinesischen Kernland, die eine kurze Betrachtung lohnen. Die traditionelle konfuzianische Ideologie verlangt von den Hinterbliebenen eine besondere Pflege der Geister der Verstorbenen und ihrer Gräber. Anderenfalls würden sie sich als machtvolle Dämonen an den Hinterbliebenen rächen. Diese Rache kann mit Krankheit und Tod der Verantwortlichen enden. Sie kann aber durch eine neue, angemessen aufwendige Beerdigung des erzürnten Ahnen abgewendet werden.[60] Und damit vor allem die chinesische Adels- und Beamtenschicht weiß, was die Ahnen und die Staatsräson von ihr erwarten, liefern die konfuzianischen Ritenbücher gleich genaueste Handlungsanweisungen zum Umgang mit Sterbenden und Toten. Der Konfuzianismus, der etwa seit dem vierten vorchristlichen Jahrhundert das Staats- und Gesellschaftsverständnis Chinas prägt, hat allerdings mit dem schriftlosen Volksglauben nur bedingt zu tun. Als Staatstheorie und Gesellschaftsideologie dürften hier Vorstellungen des Volksglaubens eher instrumentalisiert und weniger dokumentiert worden sein. Ganz im Gegensatz zum Konfuzianismus steht der frühe philosophische Daoismus. Hier wird der Tod als Teil des allgemeinen Naturgeschehens begriffen, aufwendige Beerdigungen oder gar Versuche, den Leichnam zu konservieren, gelten als völlig sinnlos. So verlangte beispielsweise der Philosoph Zhuang Zi im 4. Jahrhundert vor unserer Zeitrechnung die schnellstmögliche Zersetzung des Toten, da der Leichnam ohnehin der Zerstörung durch Maden und Würmer oder Krähen und Geier unterworfen sei.[61] Bei der späteren Entwicklung des magischen Daoismus stand schließlich die Vorstellung der Unsterblichkeit im Vordergrund. Diese äußerte sich unter anderem in der sagenhaften Suche des ersten Kaisers Chinas, Quin Shi Huang Di, nach dem Unsterblichkeitselixier. Ganze Flotten schickte dieser Kaiser in die Welt, um das Elixier zu finden, von dem seine Magier behaupteten, es würde ihn zum

Xian-Grabhügel des ersten chinesischen Kaisers Quin Shi Huang Di aus dem dritten vorchristlichen Jahrhundert. Das gewaltige Grabmal wurde 1974 entdeckt und ist weltweit durch die imposante Terrakotta-Armee bekannt geworden. Tatsächlich findet sich in der gewaltigen Grabanlage des nach ewigem Leben strebenden Kaisers ein ganzer Hofstaat mit entsprechenden Gebäuden und zahlreichen Begleitbestattungen.

»Xian« machen, einem unsterblichen Individuum, das körperlos durch die Wolken streift.[62]

Belastbare Hinweise auf Wiedergängervorstellungen christlich-abendländischer Prägung lassen sich also auch in China nicht ausmachen. Vielleicht eröffnet aber eine Reise von Zentralchina durch die Provinz Xinjiang Richtung Altai in die Welt der skythischen Pasyryk-Kultur neue Wiedergängerperspektiven. Zwar gehören auch die Skythen zu den schriftlosen Kulturen, es finden sich aber durchaus zeitgenössische griechische Berichte über das nomadische Barbarenvolk, zu denen sich übrigens die letzten Amazonen geflüchtet haben sollen. Nicht zuletzt finden sich hier archäologische Funde und Hinweise, die für die Wiedergängerbewertung beispielsweise mitteleuropäischer keltischer »Fürstengräber« nützlich sein können.

Als die russische Archäologin Natalja Polosmak 1993 auf dem Ukok-Plateau im Altaigebirge die sogenannte altaische Lady, eine mumifizierte »Prinzessin« aus der Pasyryk-Kultur, entdeckt hatte, war eine neue Epoche der Erforschung der skythischen Kurgankultur jener Region angebrochen. Der Fundort der vermutlichen Schamanin befindet sich an strategisch bedeutender Stelle. Hier grenzen Russland, die Mongolei, China und Kasachstan aneinander, seit Urzeiten verbindet ein hier vorüberführender Weg, quer durch die saftigen Sommerweiden des Plateaus, Zentralasien und China. In dieser Region hatten sich skythische Gemeinschaften niedergelassen und die nach einem Fundort benannte Pasyryk-Kultur (ca. 980 bis 200 v. Chr.) ausgeprägt. Besondere Merkmale dieser

Kultur waren nicht nur die eindrucksvollen Grabhügel, die Kurgane, sondern auch der berühmte skythische Tierstil, der sich in Form von Schnitzereien oder Goldgegenständen als Grabbeigaben, aber auch als aufwendige Tätowierungen auf den Mumien findet.

Die altaische Lady war nicht die erste Mumie, die in den sogenannten Eisgräbern des Hochplateaus entdeckt worden war. Bereits im 19. Jahrhundert waren russische Forscher auf die Kurgane gestoßen, unter denen sich einem Blockhaus ähnliche Grabkammern befanden, in die im kurzen Sommer Tauwasser einsickerte, das den Inhalt des Grabes durch dauerhaftes Gefrieren als Eislinse bis in die heutige Zeit konservierte. Dennoch sind die in den Kurganen bestatteten Angehörigen der Eliten nicht einfach durch Eis konservierte Leichen, wie beispielsweise der berühmte »Ötzi«. Die Leichen der altaischen Lady und der hochrangigen Skythenkrieger, die in den prächtig ausgestatteten Gräbern aufgefunden worden waren, hatten sich tatsächlich vor ihrer Bestattung einer umfassenden Mumifizierungsprozedur unterwerfen müssen.[63] Dabei wurden beispielsweise bei der Lady Eingeweide und Gehirn entfernt, die Bauchhöhle mit einer hygroskopischen, also Wasser ziehenden Mischung aus Wolle, Kräutern und Sand gefüllt, die Brust mit trockenem Torf gefüttert und der Kopf mit Rosshaar ausgestopft. Und offensichtlich hatte es auch eine Oberflächenbehandlung gegeben, denn es fanden sich Harze, Wachs, Ton und Quecksilber auf der Haut. Der intensive Totenkult der Skythen ist durch zeitgenössische griechische Autoren dokumentiert. So wird beispielsweise berichtet, dass verstorbene skythische Herrscher oft noch einmal ihr ganzes Reich – als Mumie – bereisten, bevor sie in ihren Kurganen bestattet wurden.[64] Vor allem die vom griechischen Geschichtsschreiber Herodot in seinen »Historien« beschriebenen Mumifizierungstechniken stimmen sehr genau mit den archäologischen Befunden überein. Von ihm stammen auch die Informationen über die Abschiedsreisen der Verstorbenen auf ihren vierrädrigen Wagen und die skythischen Bestattungsbräuche.[65] Dazu gehört der Brauch, dem König neben prächtigen und wertvollen Beigaben auch seine Lieblingspferde und eine Auswahl seiner Getreuen ins Jenseits mitzuschicken:

»Dann erwürgen sie eine der Frauen des Königs, seinen Mundschenk, den Koch, seinen Stallmeister, seinen Leibdiener und seinen Herold und bestatten diese im verbleibenden Raum des Grabes, ebenso Pferde und Grabbeigaben und goldene Schalen; denn sie verwenden weder Silber noch Bronze. Nachdem sie das getan haben, kommen alle zusammen und werfen einen großen Hügel auf. Dabei wetteifern sie miteiander, leidenschaftlich darum bemüht, ihn so groß wie möglich zu machen.«[66]

Die große Runde nicht königlicher toter Skythen glich nach Herodot wohl ebenfalls eher einem fröhlichen 40-tägigen Gelage und weniger einem Trauerzug:

»[...] aber die anderen Skythen werden, wenn sie verstorben sind, von ihren engsten Verwandten auf einen Wagen gebettet und von einem Freund zum anderen

gefahren; und jeder, den der Verstorbene besucht bewirtet dessen Begleiter und auch dem Toten werden die gleichen Speisen und Getränke in der gleichen Menge vorgesetzt, wie sie die Lebenden erhalten. Die Rundreise der normalen Skythen dauert 40 Tage, und dann werden sie bestattet: […].«[67]

Für die altaische Lady dürfte so eine Abschiedsreise durch ihre Gemeinde ebenfalls zutreffen. Die Forscher vermuten, dass sie aufgrund ihrer Bestattung ohne Partner eine Schamanin fürstlichen Ranges gewesen war.

Grabfahrten und aufwendige Grabhügelbestattungen für gesellschaftliche Führungskräfte waren im ersten Jahrtausend vor unserer Zeitrechnung vom Altai bis nach Mitteleuropa üblich. Auch die keltischen Fürstengräber der Hallstattzeit machten da keine Ausnahme.

So richtig tot dürften die Verstorbenen in den Augen der archaischen Kulturen nicht gewesen sein, denn die geräumigen Grabkammern glichen luxuriösen Wohnungen. Am Beispiel des rekonstruierten Grabes des Keltenfürsten von Hochdorf kann man den Eindruck gewinnen, dass die legendären Gelage archaischer Fürsten und Könige auch im Jenseits fortgeführt wurden. 22 Quadratmeter umfasst der gerade einmal 1,2 Meter hohe Raum, gerade hoch genug, um den rund ein Meter hohen und 4,5 Meter langen Prunkwagen zu beherbergen. Auf diesem dürfte nicht nur der Fürst vor rund 2.500 Jahren seine letzte Reise im Diesseits angetreten haben. Im Grab bietet der

Wagen ausreichend Platz für das umfangreiche bronzene Essgeschirr für neun Personen und andere wichtige Utensilien, die man als Fürst für das jenseitige gesellschaftliche Leben so braucht. Neun Trinkhörner hängen griffbereit an der Wand und in der Ecke ein gewaltiger bronzener Kessel aus Griechenland, gefüllt mit rund 500 Litern Honigmet. Der Fürst selbst hat es sich auf einer 2,75 Meter langen metallenen Liege bequem gemacht. Die braucht er mit seinen 1,87 Metern schon, zumal auch sein Hut aus Birkenrinde und die zahlreichen persönlichen Gegenstände wie Goldschmuck, Köcher und Bogen, Gewandfibeln und Prunkdolch Platz auf dem repräsentativen Bronzemöbel mit den kleinen Rädern an den Füßen finden müssen.[68] Welche konkreten Vorstellungen die keltischen und anderen archaischen Gemeinschaften vom Jenseits auch gehabt haben mögen, bei entsprechender persönlicher Ausstattung, die – oft aufwendig vergoldet – in der Regel noch prächtiger war als zu Lebzeiten des Verstorbenen, waren Gründe für eine Rückkehr in die Welt der Lebenden sicherlich rar. Auch die mächtigen Steinpackungen und zum Hügel aufgehäuften Erdmassen über den repräsentativen Massivholz-Kammern waren nach Ansicht der Wissenschaftler nicht zum Schutz der Lebenden vor fürstlichen Wiedergängern errichtet worden. Denn bereits damals hielt sich der Respekt vor den Toten gewisser gesellschaftlicher Kreise offensichtlich in Grenzen. Viele der imposanten Fürstengräber waren bereits zeitgenössischen Grabräubern zum Opfer gefallen, trotz schützender Steinpackung von Hunderten von Tonnen und darübergehäuften Tausenden von Kubikmetern Erde.[69]

Ohne im Rahmen dieses Buches ins Detail gehen zu können, lassen Anordnung und räumliche Hierarchie von Fürstengräbern, Nachbestattungen, Bestattungen der Normalbevölkerung und Lage zu Dörfern und Zentralsiedlungen auf eine Integration der Ahnen und des Jenseits in die soziale Welt der Lebenden schließen. Die ins Jenseits eingegangenen Ahnen wachten als Heroen in ihren weithin sichtbaren Grabhügeln über das Wohl von Land und Leuten.[70] Ob es in jener Zeit bereits die Vorstellung gab, dass in der größten Not der König wieder aus seinem Grab kommen und die alte Ordnung wiederherstellen würde, ist fraglich. Belegt ist diese Vorstellung erst mit dem Artus- und später dem Barbarossamythos im Mittelalter. Dass das »Tor zwischen den Welten« in der Vorstellung unserer archaischen Vorfahren durchaus in beide Richtungen durchschritten werden konnte, scheint bei aller angemessenen Vorsicht bei der Interpretation griechischer und keltischer Mythologie recht wahrscheinlich.

Austausch zwischen den Welten:

das Totenreich vor der Haustür

Götter sind auch nur Menschen. Dieser Verdacht drängt sich auf, wenn man die griechischen Mythen betrachtet. Da wandeln die Götter auf der Erde, schnappt sich der mit Hera vermählte Göttervater Zeus die eine oder andere Menschenfrau für einen Seitensprung. Das Ergebnis sind oft auf Erden wandelnde menschliche Heroen und Halbgötter, die bereits zu Lebzeiten gelegentlich zwischen den Welten verkehren. Der sicherlich bekannteste Heroe dürfte Herakles sein. Den hatte Zeus mit der verheirateten mykenischen Königstochter Alkmene gezeugt. Als die eifersüchtige Hera den ohnehin jähzornigen Bastard ihres Mannes mit Wahnsinn schlug, ermordete der seine Frau und drei Kinder. Als Sühne für diese Bluttat verlangte das Orakel von Delphi, dass sich Herakles für zwölf

Jahre in den Dienst des Königs Eurystheus begibt. Scheinbar unlösbar waren die zwölf Aufgaben, die der König dem menschlichen Kraftprotz göttlicher Abstammung stellte, die letzte selbst für Halbgötter eine Art Himmelfahrtskommando.[71] Eurystheus, der den unberechenbaren Übermenschen unbedingt loswerden wollte, schickte ihn in den Hades, um den »Höllenhund« Cerberus zu entführen. Also begab sich Herakles zum Heiligtum von Eleusis in Attika, ließ sich dort vom Priester Eumolpos in Sachen Unterwelt ausbilden, bevor er zur Stadt Tänaros an der Südspitze des Peloponnes wanderte, um dort in das Totenreich einzusteigen. Vor der Stadt des Hades angekommen, traf er auf die Seelen zahlreicher alter Feinde und Freunde, befreite nebenbei den Helden Theseus, rang mal kurz Menötios, den Hirten der Rinderherden des Unterweltgottes, nieder und schlachtete ein geklautes Rind, um die Seelen der Verstorbenen mit Blut zu tränken. Schließlich überzeugte er den mächtigen Gott des Totenreiches durch einen Pfeilschuss in die Schulter davon, ihm den Cerberus zu überlassen. Herakles würgte den Höllenhund mit den drei Köpfen und dem Drachenschwanz so lange, bis dieser den Helden als seinen Herrn anerkannte. Der verließ mit seinem furchterregenden Begleiter die Unterwelt durch den Ausgang bei Trözen im Nordosten des Peloponnes.

Auch von Orpheus wissen wir, dass er bei dem Versuch, seine geliebte Eurydike aus dem Totenreich zu befreien, nicht nur ins Jenseits gegangen, sondern auch wieder ins Diesseits zurückkehrte. Und beinahe wäre seine Eurydike sogar zu einer echten Wieder-

Dieses Vasenbild der zwölften Arbeit des Herakles zeigt den Helden bei der Entführung des Cerberus. Persephone, rechts im Bild, kann Herakles nicht daran hindern, zumal er von Hermes und Athene beschützt wird.

gängerin geworden, denn sie war ja – im Gegensatz zu Orpheus – tatsächlich gestorben. Hades und seine Frau Persephone waren vom Flehen und dem Lautenspiel des Königs göttlicher Abstammung beeindruckt und bereit, seine geliebte Frau aus der Unterwelt zu entlassen. Der Deal war: Orpheus durfte sich nicht umdrehen, solange er und die ihm folgende Eurydike das Totenreich nicht verlassen hatten. Orpheus blickte doch zurück und Eurydike verschwand für immer im Hades.

Eine der wohl ältesten und aufschlussreichsten Geschichten über die griechische Unterwelt ist der Raub der Persephone, die uns bereits im Zusammenhang mit Orpheus als Gattin und Herrscherin des Totenreiches kurz begegnet ist. Persephone war von vornherein durch und durch Göttin. Nicht nur, weil sie so unglaublich schön, sondern auch, weil sie die Tochter zweier Gottheiten war. Mutter war die mythologisch uralte Fruchtbarkeitsgöttin Demeter, Vater mal wieder Zeus. Hades, ein Bruder des Zeus, war als Herr der Unterwelt bei den göttlichen und weltlichen Damen nicht gerade angesagt. Auch bei der schönen Persephone hätte er wahrscheinlich keine Chance gehabt. Also brach der hoffnungslos in seine Nichte verknallte Totengott mit seinem von unsterblichen schwarzen Rössern gezogenen goldenen Streitwagen aus der Unterwelt hervor und raubte, von den anderen Göttern zumindest billigend in Kauf genommen, kurzerhand seine Angebetete. Demeter hatte von alldem zunächst nichts mitbekommen, irgendwann aber drangen Persephones Schreie auch an ihr Ohr und sie machte sich sofort auf die Suche. Die Götter, die von der Entführung wussten, versuchten Demeter zu beruhigen. Schließlich sei Hades nicht nur ihr Bruder, sondern mit seinem Totenreich auch noch eine gute Partie für Demeters Tochter. Demeter zeigte sich uneinsichtig. Sie verließ den Olymp und kümmerte sich nicht mehr um ihre Aufgabe als Fruchtbarkeitsgöttin. Im Gegenteil, sie sorgte dafür, dass keine Pflanzen mehr sprossen. Hunger, Verzweiflung und Tod machten sich unter den Menschen breit. Schließlich gaben die Götter nach und überredeten Hades, Persephone wieder frei zu geben. Wer aber wie Demeters Tochter einmal von den Speisen der Toten gegessen hat, kann nicht mehr für immer zurückkehren. Und so muss die schöne Göttin jedes Jahr vier Monate lang als Fürstin des Totenreiches an der Seite des Hades leben, die restlichen acht Monate darf sie auf der Erde bei ihrer Mutter verbringen. Nur in dieser Zeit ist die Erde fruchtbar, in den vier Unterweltmonaten ihrer Tochter stellt Demeter vor Trauer ihre Arbeit ein. Wie von allen griechischen Mythen gibt es mehrere Versionen auch der Persephonegeschichte.[72] Die hier vorgestellte ist als homerischer Hymnus die wohl älteste schriftliche Überlieferung.

Bei der Betrachtung der zahlreichen Sagen der griechischen Mythologie, die sich aus verschiedenen kulturellen Quellen, vom Schwarzen Meer über Makedonien, Vorderasien, Ägypten, Kreta bis Zypern, speist, lassen sich bei allen regionalen Unterschieden die Grundzüge der Jenseitsvorstellungen archaischer Kulturen herausarbeiten, die dem Volksglauben die-

Hades und Persephone auf ihrem Unterweltthron. Die Kornähren in den Händen weisen auf ihre Funktion als Fruchtbarkeitsgottheiten hin. Tonplatte, um 500 v. Chr., gefunden in Italien.

ser Zeit nahekommen könnten. Wir hatten schon bei Herakles gesehen, dass das Totenreich ganz offensichtlich über mehrere Zugänge verfügt. Orpheus dürfte als thrakischer König wiederum an anderer Stelle zu seiner verstorbenen Eurydike geeilt sein. Und Hades selbst ist mit seiner schwarzen Quadriga in der Ebene von Nysa aus der Erde geschossen, dort, wo sich Persephone gerade aufhielt, also mit Sicherheit nicht an einem düsteren Höllentor. Der Ort der Ebene von Nysa ist nicht näher beschrieben. Nach antiken Berichten könnte er sich als realer oder mythologischer Ort an ganz verschiedenen Stellen zwischen Kaukasus, Vorderasien, natürlich Griechenland oder gar Afrika befunden haben.

Odysseus wiederum segelte bis ans Ende der Welt zum »Gestade der Kimmerier«, eines Nachbarvolks der Skythen, um sich beim toten Seher Teiresias Rat für seine weitere Reise ins heimatliche Ithaka zu holen.[73]

Der Zugang zum Totenreich ist mit einigen Hürden ausgestattet. Cerberus, den fürchterlichen Wachhund, haben wir schon kennengelernt. Der sollte nicht nur dafür sorgen, dass die Toten ihre Welt nicht mehr verlassen konnten, sondern auch das unberechtigte Betreten des jenseitigen Geländes verhindern. Der offensichtlich geschäftstüchtige Fährmann Charon ruderte die Verstorbenen nur gegen einen Obolus über einen der mörderischen Totenflüsse. Wer den »Charonspfennig« nicht aufbringen konnte, also rituell nicht ordnungsgemäß bestattet war, musste als Schatten am Ufer herumirren. Die mythologischen Türsteher scheinen aber durchaus Ausnahmen gemacht zu haben, wie die Beispiele der Heroen, also Könige und Fürsten göttlicher Abstammung, zeigen. Die konnten offensichtlich nicht nur unbeschadet zwischen Diesseits und Jenseits hin- und herreisen, sondern auch mit den Verstorbenen kommunizieren, den einen oder anderen sogar wieder ins Diesseits zurückholen. Blut war der Zaubertrank, der den ansonsten recht zurückhaltenden Schattengestalten des Totenreiches nicht nur vorübergehend ihre menschliche Erscheinung wiedergab, sondern sie zudem zu wahren Plaudertaschen machte. Herakles und Odysseus hatten Rinder beziehungsweise Widder geschlachtet und das Blut hatte die Seelen der Verstorbenen angelockt. Odysseus konnte sich dadurch nicht nur von dem toten Seher beraten lassen, sondern traf unter anderem auch seine fürstlichen Kollegen wieder, die vor Troja gefallen waren.

»Nun kamen die Seelen des Achilleus und seines Freundes Patroklos, des Antilochos und des großen Ajax. Zuerst trank Achilleus, erkannte mich und staunte. […] Auch die anderen Seelen der Abgeschiedenen, die inzwischen von dem Blute getrunken hatten, standen mir nun Rede. Nur der Schatten des Ajax, den ich einst im Streit um die Waffen des Achilleus besiegt und der sich deswegen entleibt hatte, stellte sich seitwärts und zürnte.«[74]

Natürlich sind die schriftlichen Überlieferungen der griechischen Mythologie vor allem literarische Werke über das Schicksal von Eliten. Der im achten vorchristlichen Jahrhundert lebende griechische Dichter Hesiod hat mit seinem Werk »Theogonie« die kulturell und mythologisch außerordentlich vielschichtige Götter- und Heroenwelt zudem in eine künstliche verwandtschaftliche und zeitliche Ordnung gepresst. Die griechische Mythologie ist also vor allem ein Spiegel der gesellschaftlichen Verhältnisse und ihrer Veränderungen in archaischer und antiker Zeit. So gilt das Totenreich zunächst als Sammelbecken für die Seelen aller Verstorbenen, später gibt es eine Trennung zwischen Normalsterblichen und den Heroen, die ins Elysium oder die Insel der Seligen eingehen, und schließlich findet sich sogar so etwas wie ein Jüngstes Gericht, das über die Qualität des Aufenthaltsortes der Verstorbenen entscheidet.

Über den Volksglauben lässt sich vor allem auf der Basis der homerischen Epen »Ilias« und »Odyssee« spekulieren. So darf angesichts der vielfältigen Verortungen der Hadeszugänge und Unterweltflüsse von regionalen Ausprägungen des Volksglaubens ausgegangen werden. Die Unterweltbesuche der homerischen Adelsschicht lassen auf schamanistische Vorstellungen von Seelenreisen schließen.[75] Ein weiteres Indiz hierfür sind die gelungenen, aber auch die gescheiterten Versuche der Rückführung Verstorbener aus dem Jenseits beispielsweise durch Herakles oder Orpheus. Offensichtlich fungierte der archaische Fürst als Mittler zwischen Diesseits, Jenseits und der Götterwelt und hatte somit auch eine spirituelle Führungsposition inne. Damit war er der Garant für die Stabilität der Gemeinschaft, deren Identität durch das Verhältnis zu und die vom Fürsten vermittelte Kommunikation mit ihren Ahnen geprägt war. Die Legitimität des

Der Scheiterhaufen des Patroklos. Deutlich zu erkennen: die wertvollen Grabbeigaben. Griechische Vasenmalerei.

fürstlichen Herrschaftsanspruchs war durch die innige Verbindung zu den in die Götterwelt eingegangenen fürstlichen Vorgängern gegeben.[76] Aufwendige Bestattungsriten,[77] wie wir sie in verschiedener Form schon bei den Skythen kennengelernt haben und bei den Hallstattkelten vermuten dürfen, garantierten den geregelten und damit für die Gemeinschaft existenzsichernden Übergang der Verstorbenen in die andere Welt. Und so erscheinen auch aus dem Jenseits zurückkehrende beziehungsweise vom Heroen aus der Unterwelt befreite Tote nicht sonderlich bedrohlich.

Religiös überhöhte Begriffe wie »Auferstehung« oder die Vorstellung von Wiedergängern als körperlich in der Gemeinschaft herumstreunenden, gar ihre Verwandten schädigenden Verstorbenen passen nicht in eine vom Herrscher einer überschaubaren Gemeinschaft auch spirituell kontrollierte Welt.

Dass die Herrschaften mit guten Beziehungen zur Götterwelt ihren Job wahrscheinlich sehr ernst nahmen, belegt die Geschichte vom Lindow-Mann.[78] 1984 wurden beim Torfstechen Fragmente menschlicher Körper im Lindow-Moor nahe der britischen Stadt Manchester gefunden. Was zunächst nach einem Mordfall aussah, stellte sich nach näherer Untersuchung als Teil einer wenigstens 1.500 Jahre alten Moorleiche heraus. Weitere Suchen im Moor förderten schließlich den unbekleideten mumifizierten Körper eines bärtigen Mannes zu Tage. Zu seinen Lebzeiten im ersten nachchristlichen Jahrhundert war er ein kräftiger, gepflegter, verhältnismäßig hochgewachsener Mann von etwa 25 Jahren gewesen. Als Druidenfürsten, also als keltischen Herrscher mit spiritueller Autorität,[79] bezeichnen die britischen Archäologen Anne Ross und Don Robins den Mann, der sich nach weitestgehender Übereinstimmung der Wissenschaft einer freiwilligen rituellen Tötung hingegeben hatte. Ross und Robins rekonstruierten die Geschichte des Lindow-Mannes anhand archäometrischer und forensischer Untersuchungen, historischer Fakten und mythologischer Quellen. Sie gehen davon aus, dass der junge Druidenfürst zum Beltainfest am 30. April im Jahre 60 den Göttern geopfert wurde, um den Druck der römischen Invasion Britanniens und der damit verbundenen Druidenverfolgung abzuwenden.[80] Dabei kommen sowohl eine »Botschaftermission« des Druiden als auch die Sündenbockfunktion für die rituelle Reise in die Anderswelt in Frage. Eine andere Theorie stellt die rituelle Tötung in Zusammenhang mit dem aus verschiedenen Kulturen bekannten »Königsopfer« im Rahmen eines Fruchtbarkeitskultes. Was immer auch der tatsächliche Anlass des mörderischen Treibens gewesen war, weitestgehend unbestritten ist, dass das Konzept des Naturkreislaufes und damit der möglichen Rückkehr des Delinquenten aus dem Jenseits Bestandteil der dazugehörigen Vorstellungen war. Aus der Sicht des Druidenfürsten und seiner Kollegen, die ihn ins Jenseits geschickt hatten, dürfte der Lindow-Mann kein Opfer nach unserem Verständnis gewesen sein – weder ein Ritual- noch ein Mordopfer. Folgt man den Gedanken von Ross und Robins, könnte man die Forschungsergebnisse zum Lindow-Mann folgendermaßen interpretieren:

Kopf des Grauballe-Mannes, 1952 in einem Moor auf Jütland gefunden. Er ist ebenso wie der ebenfalls in Dänemark gefundene Tollund-Mann und der Lindow-Mann getötet und im Moor versenkt worden. Ob es sich um Hinrichtungen oder um Opfer handelt, ist trotz gewisser Gemeinsamkeiten bei allen drei Funden ungeklärt. Die drei Moorleichen repräsentieren einen Zeitraum vom dritten vorchristlichen bis zum ersten nachchristlichen Jahrhundert.

Die Römer hatten mit ihrer Invasion und den massiven Druidenverfolgungen gehörig Unruhe in die ansonsten geordneten sozialen Strukturen gebracht. Ganz sicher war in diesem Zusammenhang auch das Gleichgewicht zwischen dem Dies- und dem Jenseits gestört, waren die Grenzen zwischen der Welt und der keltischen Anderswelt aus den Fugen geraten. Ein ernstes Wörtchen mit den Göttern war fällig und der junge Druide hatte die Aufgabe des Botschafters übernommen. Die drei kräftigen Axtschläge auf den Schädel des Druidenfürsten waren wohl an Taranis gerichtet, den keltischen Donnerer. Mindestens ebenso wichtig war die Botschaft an Esus, den zweiten der drei mächtigsten Götter der Kelten. Ihm galten das Erwürgen und der Genickbruch durch eine Garotte. Und dem Teutates war das Ertränken in einem Wasserloch des Moores gewidmet. Teutates wird in den keltischen Mythen übrigens auch der Kessel der Wiedergeburt zugeordnet, ein Aspekt, der den Druidenfürsten und seine Kollegen möglicherweise an eine Rückkehr ins Diesseits glauben ließ. Der Vollständigkeit halber sei hier noch der Schnitt durch die Halsschlagader erwähnt, der den fürstlichen Botschafter ausbluten ließ.

In Großbritannien finden sich viele Geschichten um »Könige im Erdreich«, die auf den Legenden vom Gottesopfer beruhen.

»Das Blut dieses königlichen Opfers und das Fleisch seines Körpers machen das Land fruchtbar, sobald der Tote symbolisch der Umarmung durch die Erdmutter überlassen wurde. Dieser Glaube war ein lebenswichtiges Element

Die letzte Ruhestätte des Königs Artus auf der Insel Avalon (Ausschnitt).
Von Edward Burne-Jones (1833–1889).

aller ackerbäuerlichen Religionen, und solche Opfer – oder ihre Surrogate – wurden ein wesentlicher Teil der Zeremonien zur Feier des Sommeranfangs, jener geheimnisvollen Jahreszeit des Wachsens und der Fruchtbarkeit. Dazu gehörte selbstverständlich Beltain, der Vorabend des 1. Mai […].«[81]

»Legenden von schlafenden Königen und Helden, die in der Stunde der Not ihres Landes auferstehen werden«,[82] finden sich überall in Europa. Auf den Britischen Inseln ranken sie sich vor allem um die Person des Königs Artus. Auch in der Nähe des Lindow-Moores gibt es eine solche Legende und zudem bis in die jüngste Zeit zahlreiche traditionelle Bräuche, in denen die Vorstellungen von Tod und Wiedergeburt eines königlichen Opfers ihren Niederschlag finden.

Mit dem Untergang der vorchristlichen keltischen Kultur und ihrer spirituellen Führungselite gingen die alten religiösen Vorstellungen mehr und mehr in den Volksglauben über. Die christliche Herrschaftsideologie und die religiösen Grundlagen der immer noch ackerbäuerlichen Gemeinschaften klafften gerade zu Beginn der Christianisierung weit auseinander. Und so entstanden im Laufe der Jahrhunderte aus ehemals sinn- und identitätsstiftenden spirituellen Ritualen und Weltvorstellungen Volksbräuche, Traditionen und in Sagen und Mythen verpackte Erinnerungen. Die realen Hintergründe gerieten nach und nach in Vergessenheit oder erhielten unter christlichen Rahmenbedingungen neue Bedeutungen.

Damit war eine Grundlage des seit dem Mittelalter aufkommenden Wiedergängermotivs auch negativer Prägung entstanden.

Dieser Transformationsprozess lässt sich bei der Betrachtung irischer Mythologie, Sagen und Geschichten in Ansätzen noch nachvollziehen. Auch die vorchristlichen Kelten der Britischen Inseln waren eine schriftlose Kultur. Ihre Geschichte, ihre Weltvorstellungen, ihre Normen und Regeln wurden mündlich überliefert. Erst die christlichen Mönche, teilweise hervorgegangen aus der keltischen Priesterschicht, haben die archaischen Weltvorstellungen in Form von Mythen und Legenden schriftlich festgehalten.[83] Im 6. und 7. Jahrhundert begannen die Mönche aus den Überlieferungen eine Geschichte Irlands zusammenzustellen, die sich in den Manuskripten des Leabhar Gabhála, dem »Buch der Invasionen«, niederschlug.

Hier finden sich unter anderem die mythologischen Ahnen der Kelten, die göttlichen »Tuath de Danann«, die in den Geschichten des Volksglaubens zu Feen mutiert in den geheimnisvollen Grabhügeln hausen. Der sogenannte Ulster-Zyklus enthält die mythologische Tradition der irischen Provinz Ulster. Hier tummeln sich übermenschliche Heroen, die göttliche Königin Medb und nicht zuletzt die beiden Kriegs- und Todesgöttinnen Morrigán und Badbh. Es ist eine Welt, in der es keine Unterschiede zwischen dies- und jenseitigen Gefilden zu geben scheint. Vor allem im Ulster-Zyklus kommen noch recht deutlich Vorstellungen vom geweihten oder göttlichen König, also dem »sa-

Ein Detail des reich verzierten Kessels von Gundestrup. Der Silberkessel (2. bis 1. Jh. v. Chr.) aus der keltischen La-Tène-Zeit wurde – wie der Tollund-Mann und vergleichbare Moorleichenfunde – in einem Moor im dänischen Jütland gefunden. Der Ausschnitt zeigt nach allgemeiner wissenschaftlicher Auffassung die Initiation von Kriegern, die, in einen Kessel getaucht, als Reiter davonziehen. Später findet sich in den keltischen Mythen das Motiv des Kessels der Wiedergeburt für gefallene Krieger.

kralen Königtum«, zum Tragen.[84] Im sogenannten Fionn-Zyklus schließlich »kommt eine starke Affinität zur Natur und den überirdischen Geschöpfen, die sie bevölkern, zum Ausdruck; von dieser animistischen Einstellung der Kelten zur Welt zeugen auch eine Reihe von archäologischen Funden.«[85] Als Manuskripte, die im Kontext einer mittelalterlichen Welt entstanden und deren Texte über ihre Verfasser durch einen christlichen Filter gelaufen sind, dürfen die Schriften allerdings nicht als originäre Quelle archaischer keltischer Glaubensvorstellungen missverstanden werden. In den walisischen Texten, die zwischen dem 10. und 14. Jahrhundert entstanden sind, wird die christliche Überlagerung des Volksglaubens bereits überdeutlich. Ständig wird hier von den Kelten der christliche Gott angerufen, die heidnischen Götter treten im Gegensatz zu den irischen Überlieferungen in den Hintergrund. Zwar tauchen auch in den walisischen Texten Helden, übernatürliche Wesen, Gestaltwandel, Zauberkessel und nicht zuletzt eine Unterwelt auf, die sich von der »Oberwelt« nicht sonderlich unterscheidet. Aber es ist nunmehr eine Welt des Zaubers, der Magie, geworden, hinter der die ursprünglichen religiösen Vorstellungen beinahe gänzlich verschwinden.[86] Wie wenig schließlich neuzeitlicher Volksglaube mit seinen Wiedergängervorstellungen als aus frühgeschichtlicher oder antiker Tradition abgeleitet begriffen werden darf, zeigt folgendes Beispiel aus der irischen Folklore des 19. Jahrhunderts.[87] Die Geschichte von der Frau, die aus der Luft fiel, zeigt, dass das Wiedergängermotiv auch sehr unspektakulär im Volksglauben verankert und mit einem völligen Verlust seiner ursprünglichen Bedeutung verbunden sein kann.

Irgendwo im Westen von Connacht grub ein Bauer sein Feld um, als eine Frau vom Himmel fiel. Die war an einem anderen Ort kurz zuvor verstorben und am Tag ihres Himmelssturzes begraben worden. Der Bauer nahm die offensichtlich unversehrte Frau zu sich nach Hause und behielt sie, weil er jemanden für die Hausarbeit brauchte. Ein Jahr später begegnete der Ehemann seiner Frau bei einer Rast im Hause des Bauern wieder, als er in die nahe gelegene Stadt ging, um ein Schaf zu kaufen. Nachdem sie ihre Geschichten ausgetauscht hatten, waren sich beide Männer einig, dass die vom Himmel gefallene »Haushälterin« des Bauern die verstorbene Ehefrau des Gastes war. Der Ehemann nahm seine Frau wieder mit nach Hause.

Der Mythen- und Märchensammler Frederik Hetmann interpretiert die Geschichte folgendermaßen:

»Der tatsächliche Konflikt mag dabei etwa so ausgesehen haben: Eine Frau ist ihrem Mann fortgelaufen. Sie hat darauf mit einem anderen Mann zusammengelebt und ist von ihrem ersten Mann später wieder zurückgeholt worden. Diese für eine ländliche, offiziell an christlichen Normen orientierte Gesellschaft skandalösen Ereignisse ließen sich, wenn man das Einwirken der Feen ins Spiel brachte, besser akzeptieren.«[88]

Kehren wir vom Ausflug in den neuzeitlichen irischen Volksglauben wieder zurück ins Mittelalter. Bereits in Zusammenhang mit dem Lindow-Mann war auf die Artuslegende hingewiesen worden. Artus, die legendäre Version eines realen keltisch-britischen Kleinkönigs um 500 n. Chr.,[89] soll nach seinem Tod auf die mythische Insel Avalon gebracht worden sein. Dort wartet er darauf, bei Bedarf zurückzukehren, um in größter Not gegen die Feinde Britanniens ins Feld zu ziehen. Den Aufstieg von einem britischen Kleinkönig zum mythologischen Superstar hat Artus der mittelalterlichen höfischen Literatur seit dem 12. Jahrhundert zu verdanken. Hier entstanden die Motive der Tafelrunde, hier erfand man die Suche nach dem heiligen Gral. Und in diesem Zusammenhang wurde der sicherlich sehr robuste britisch-keltische Heerführer zum tugendhaften christlich-ritterlichen Vorzeigeherrscher für die europäischen Fürsten-, Königs- und Kaiserhöfe. Vor allem der Mythos vom in seiner jenseitigen Behausung auf seine Rückkehr ins Diesseits wartenden König hatte es den christlichen Herrschern angetan. Und als die Stauferdynastie 1268 mit der Hinrichtung König Konradins ausgestorben war, konzentrierte sich die Hoffnung der Stauferanhänger auf die Rückkehr des bereits 1250 verstorbenen Kaisers Friedrich II. Dieses Bedürfnis wurde später auf Friedrich I. übertragen und entwickelte sich zum bekannten Barbarossamythos. Der untote Kaiser sitze in seinem Berg und werde »am Ende der Zeiten wiederkehren, um Reich und Kirche zu erneuern«.[90] Dass es sich hierbei nicht nur um eine Fiktion, sondern eine als möglich begriffene Realität handelte, zeigen die zahlreichen »Wiedergänger«, die im Mittelalter immer wieder die politische Bühne betraten.

»Wir wissen aus dem Jahre 1138 vom Erscheinen eines falschen Kaisers Heinrich V., von einem 1225 auftretenden falschen Grafen Balduin von Flandern oder von einem falschen Markgraf Woldemar, der von1348 bis 1350 mit königlicher Anerkennung Brandenburg regierte.«[91]

Natürlich wurde von den Imitatoren im Einzelfall auch die Tatsache ausgenutzt, dass sich der Tod des jeweiligen Herrschers noch nicht herumgesprochen hatte. Im Falle Friedrichs II. spielte zudem die weit verbreitete Meinung eine Rolle, der Kaiser sei gar nicht gestorben.

Kein Wunder, dass die Zahl der falschen Herrscher in der nachstaufischen Zeit besonders groß war. »Zweifellos kann Friedrich II. als der am meisten imitierte Herrscher des gesamten Mittelalters bezeichnet werden.«[92] Ein gewisses Kalkül verschiedener politischer Kräfte, die mit dem falschen Friedrich ihre Machtposition im Reich verbessern wollten, darf ebenfalls angenommen werden. Fest steht aber auch, dass hinter den oft recht dreisten Auftritten ein tiefer und durchaus unchristlicher Volksglaube an übernatürliche Zusammenhänge stand. So schlüpfte ein gewisser Stöcklin, zwei Jahre nach Konradins eindeutigem Tod, als Heerführer in die Rolle des letzten Staufers und erfuhr große Zustimmung bei der Bevölkerung.[93] Die Angelegenheit war politisch offensichtlich so brisant, dass sie in aller Stille geregelt werden musste. Nachdem ein vom Konstanzer Bischof und dem St. Galler Abt bestelltes Gutachten die Echtheit des Konradinwiedergängers weder bestätigen noch widerlegen konnte, nahm der Bischof den Betrüger gefangen und ließ ihn heimlich unter Aufgabe seiner königlichen Rolle zurück ins heimatliche Franken ziehen. Dort verlieren sich seine Spuren.

Heilige und unheilige Untote –

der kleine Unterschied

Der prominenteste Wiedergänger ist zweifellos Jesus von Nazareth. Nach knapp 2.000 Jahre alten Berichten ist dieser öffentlich hingerichtet und in einem Felsengrab beerdigt worden. Bereits drei Tage später haben ihn zahlreiche Zeugen lebendig herumlaufen sehen, bevor er schließlich zu Gott, seinem Vater, in den Himmel gefahren ist. Kein Wunder, dass das Christentum bei den keltischen Iren auf so fruchtbaren Boden gefallen ist. Unabhängig von den religiösen Hintergründen des vorderasiatischen Ursprungslandes vereint die christliche Auferstehungsgeschichte alle Elemente des untergegangenen keltischen sakralen Königtums. Da finden wir die Vorstellung vom direkten Draht des Herrschers zu den Göttern, das Königsopfer als Sündenbockfunktion und eben die

Wanderung zwischen Dies- und Jenseits. Und so machten sich ausgerechnet die irischen Mönche vom Ende der europäischen Welt auf, um mit gewaltigem missionarischem Eifer das Christentum bei den Völkern in Westeuropa zu verbreiten. Ganz ohne Zweifel hatten dort die volksnahen irischen Vorstellungen vom Christentum größere Erfolgsaussichten bei den westeuropäischen Barbaren.[94] Die eher auf große Reichs- und Verwaltungsstrukturen ausgerichtete römische Kirche konnte sich vor allem bei den Herrschern der sich bildenden fränkischen Reiche etablieren.

Der christliche Volksglaube des Mittelalters kennt aber noch andere Wiedergänger, die Heiligen. Allen voran ist hier der heilige Georg zu nennen, der im 3. Jahrhundert als Märtyrer gestorben, in den folgenden Jahrhunderten an vielen Orten erschienen ist.[95] Heilige verstorbene Menschen als Schutzpatrone, als Mittler zwischen den Menschen und Gott, als leibhaftig erscheinende Retter in der Not bilden im Volksglauben ein ganzes Heer von positiven Wiedergängern. Und nimmt man die Behauptung ernst, dass im Volksglauben unverweste Leichname als Auslöser für die Vorstellung schädigender Untoter und Wiedergänger gelten, so müssen Klöster und Kirchen als Orte unheiligen Grauens gegolten, verstorbene Päpste und Kaiser Angst und Schrecken in der Bevölkerung verursacht haben. Denn ausgerechnet Päpste, Mönche und Fürsten des Mittelalters arbeiteten durch den Brauch der Konservierung ihrer sterblichen Überreste am Mythos ihrer leiblichen Auferstehung, Unsterblich- und Heiligkeit.[96]

Jesus entsteigt, in sein Leichentuch gehüllt, dem Grab. Gemälde von Gaudenzio Ferrari (1475–1546). Heute Nationalgalerie London.

»Nicht nur herausragende Ereignisse wie die Umbettung des unverwesten und damit im Geruch der Heiligkeit stehenden Johannes XXIII., sondern jede Konservierung und anschließende Aufbahrung eines päpstlichen Leichnams sollte vor allem Öffentlichkeit ermöglichen und stand damit im Dienste der Selbstdarstellung des Vatikans und seiner Repräsentanten.«[97]

Bereits seit vielen Jahrhunderten werden die verstorbenen Päpste einbalsamiert, öffentlich aufgebahrt und schließlich in der päpstlichen Krypta beigesetzt. Und auch die Verstorbenen der großen Herrschergeschlechter wie der Salier, Staufer und Habsburger sorgen gut konserviert in ihren Familiengrablegen in Klöstern, Kirchen und Gruften für ihre mythische Unsterblichkeit. Nicht zuletzt finden sich teils natürlich, teils künstlich mumifizierte Körper oder Schädel von Mönchen und Bürgern vor allem in den Katakomben der Kapuzinerklöster.

Ein Blick in das Innenleben der Grablegen mittelalterlicher Herrscher zeigt, wie sehr sich die Bestattungen der Herrschenden des Mittelalters wohl eher an der prächtigen heidnischen Vergangenheit und weniger an der spartanischen Grabausstattung des christlichen Religionsstifters zu orientieren schienen. Als im August 1900 die Kaiser- und Königsgräber im Dom zu Speyer von einer Kommission des bayerischen Staates geöffnet wurden, war das ein Spektakel von größtem öffentlichem Interesse. Schließlich fanden sich hier die Überreste der mächtigsten mittelalterlichen Herrscher, von den legendären Salierkaisern über

Die Schädelgruft, Teil der Kapuzinergruft in Rom.

die Staufer bis zu den Hohenzollern.[98] Den Forschern enthüllten sich mit der Öffnung der Grablegen neben den sterblichen Überresten der mächtigen Persönlichkeiten auch gewaltige historische Schätze. Gut 900 Jahre alte Herrschergewänder aus feinen Stoffen und prächtig bestickter Seide, Schuhe aus Textil und Leder und nicht zuletzt natürlich auch in Form von wertvollen Kleinodien Insignien des Königs- und Kaisertums. Besonders ergiebig war übrigens das Grab des Stauferkönigs Philipp von Schwaben. Hier fanden sich der 1960 restaurierte prächtige Königsmantel sowie ein geheimnisvoller Gürtel mit seidenem, aufwendig gemustertem und mit Schnüren versehenem Brettchengewebe, dessen ursprüngliche Trageweise und Funktion nicht ermittelt werden konnten. Und dann sind da noch die Schuhfragmente des Staufers, der kurz vor seiner Kaiserkrönung 1208 von Otto VIII. von Wittelsbach ermordet und nach »Zwischenstation« im Bamberger Dom 1213 in den Dom zu Speyer umgebettet wurde. Auch der 1106 gestorbene Salierkönig Heinrich IV. konnte erst 1111 nach Auflösung des Kirchenbanns in der dynastischen Familiengruft des Speyerer Domes bestattet werden. Als Normalsterbliche wären sowohl Philipp von Schwaben als Mordopfer als auch der exkommunizierte, zunächst in ungeweihter Erde beigesetzte Heinrich IV. aussichtsreiche Kandidaten für eine Karriere als schädigende Wiedergänger gewesen.

Heilige verwesen nicht, ist die Botschaft, die auch mit der öffentlichen Präsentation natürlich konservierter Heiliger und Seliger beim Gläubigen ankommt.

Sarkophag der Margarethe von der Saale, der zweiten Ehefrau des Landgrafen Philipp von Hessen. Sie wurde 1566 in der Stadtkirche zu Spangenberg beigesetzt. Weder der Landgraf noch Margarethe dürften als Wiedergänger gefürchtet worden sein, obwohl sie – immerhin mit offizieller Duldung der reformierten Kirche – in Bigamie lebten.

So ist beispielsweise in der Kirche Saint-Gildard in Nevers die heilige Bernadette von Lourdes aufbewahrt. 1879 verstorben und begraben, wurde sie bei ihrer ersten Exhumierung 1909 völlig unversehrt aufgefunden. Seit ihrer Seligsprechung 1925 wird sie der Öffentlichkeit in ihrem Glassarg präsentiert. Im Dom zu Genua findet sich ebenfalls in einem gläsernen Sarg die Mumie der Virginia Centurione. Auch die 1651 verstorbene, 2003 heiliggesprochene Gründerin eines wohltätigen Schwesternordens hatte 150 Jahre lang ohne zu verwesen in der Erde gelegen.

Wie aber mit dem Phänomen umgegangen wird, dass auch Menschen gehobenen Standes, die sich nicht zum Kreis der herrschaftlich Auserlesenen zählen dürfen, nicht immer verwesen, zeigt der in der Kirche von Kampehl in Brandenburg ausgestellte Ritter Kalbutz.

»Der Ritter Kalbutz war ein Sünder, ein Meineidiger, der schwor, sein Körper solle nicht vergehen, wenn er die Maid tatsächlich genötigt und entehrt hätte. Und wie sein falsches Zeugnis gegen ihn stand, kann heute jeder sehen: die getrocknete Leiche – zugegeben sehr viel anders erhalten als die der Bernadette – zeugt als wunderbares Zeichen gegen ihn. […] Die Geschichte des Kalbutz aber hat sehr den Charakter einer sekundären Elaboration. Nachdem man den nichtverwesten Leichnam fand, suchte man den Grund für den außergewöhnlichen Zustand. Ein Heiliger war er wohl nicht – die gibt es im wenig enthusiastischen Norden nicht so häufig –, so muss er wohl ein übler Sünder gewesen sein. Der Erhalt des Körpers wird als Strafe, Beweis für Sünde, mahnendes und ent-

Die heilige Virginia Centurione in ihrem gläsernen Sarg.

setzliches Zeichen thematisiert. Der erhaltene Leichnam ist der ‚Untote', der nicht ‚richtige', ‚gute' Tote.«[99]

Das Wissen, dass nicht jede Leiche der Verwesung anheimfällt, dürfte auch bei der normalen Bevölkerung präsent gewesen sein. Die gewöhnlichen Toten wurden vom 6. bis 11. Jahrhundert in der Regel anonym in Massengräbern bestattet.[100] Die befanden sich im Zentrum der Siedlung, in der Kirche und um die Kirche herum. Wegen des Platzmangels waren ständige Umschichtungen der Gebeine notwendig und da auch im Erdboden eine Verwesung nicht immer schnell vonstattengeht, gab es sogenannte Beinhäuser, in denen unverweste Skelettteile aufbewahrt wurden. Selbstmörder, Verbrecher, Hingerichtete landeten ebenso wie Kriegsgefallene oder Seuchenopfer vor den Toren der Siedlungen.

Der Umgang mit den Gebeinen der Verstorbenen des gemeinen Volkes war zweifellos sehr pragmatisch. Dafür wurden die Bestattungs- und Totenrituale, die für einen reibungslosen Übergang ins Jenseits sorgen sollten, mit der Zeit umso komplexer. Viele davon – wie beispielsweise der Leichenschmaus – stammten aus vorchristlicher Zeit.[101] Auch die Vorstellungen von Wiedergängern aller Art, die in den Gräbern ihren zwar unappetitlichen, meist aber harmlosen Beschäftigungen nachgingen oder von ihren Hinterbliebenen mehr oder weniger nachdrücklich Erinnerungsrituale einforderten, dürften heidnische Quellen haben. Nach anfänglichem Widerstand nutzte die Kirche solche Vorstellungen, um mit ihren Totenmessen und sonstigen Buß- und Dienstleistungen besser ins Geschäft zu kommen. Damit sorgte sie für eine Verfestigung der Wiedergängervorstellungen im Volk. Dass diese gewöhnlichen Wiedergänger keine Heiligen sein konnten, auch wenn sie sich im Einzelfall bei einer Exhumierung als körperlich unversehrt erwiesen, versteht sich von selbst. Nicht zuletzt die im Laufe des Mittelalters stattfindende Verselbständigung des Wiedergängermotivs im Volksglauben führte dazu, dass sozial auffällige Verstorbene einer überschaubaren Gemeinschaft gelegentlich als schädigende Wiedergänger für Seuchen, Missernten oder andere Katastrophen verantwortlich gemacht wurden. Der südosteuropäische Vampir ist, wie wir in Kapitel 2 (»Das Wesen des Vampirglaubens«) gesehen haben, eines der spektakulärsten Beispiele für die soziale Funktion des Wiedergängers im Volksglauben. Dass es aus der Familie der Wiedergänger ausgerechnet der südosteuropäische Vampir war, der im 19. Jahrhundert die massive Aufmerksamkeit der westeuropäischen Literaturwelt erfuhr, ist kein Zufall. Die politischen Hintergründe der westeuropäischen Vampirdiskussion des 18. Jahrhunderts habe ich in Kapitel 1 (»Die Entdeckung der Vampire«) bereits beleuchtet. Die ungebrochene literarische Rezeption des Vampirs bis in die heutige Zeit hat jedoch eine Reihe anderer Ursachen und Entwicklungen zur Grundlage.

Die schwarze Romantik und das lange 19. Jahrhundert

Zur Zeit der Entstehung des neuzeitlichen literarischen Vampirs stand der adlige Untote nicht allein im Fokus der nach Schauergeschichten gierenden Leserschaft des 18. und 19. Jahrhunderts. Zeitgleich mit der ersten bekannten Vampirerzählung der europäischen Literatur, »The Vampyre« von John William Polidori,[102] war Ende der 20er Jahre des 19. Jahrhunderts Mary Shelleys Roman »Frankenstein, or the Modern Prometheus« entstanden. Seit der ersten Hälfte des 19. Jahrhunderts begann auch die Mumie die Phantasie der Literaten zu beschäftigen. Nicht zuletzt hatte sich der mit seinem 1897 veröffentlichten »Dracula« eher als Vater der literarischen Vampire bekannte Bram Stoker 1903 mit »The Juwels of Seven Stars« auch als Mumienautor einen Namen gemacht.

Das literarische Interesse an den verschiedenen Versionen der Untoten entwickelte sich keineswegs zufällig. Zahlreiche Umbrüche prägten das lange 19. Jahrhundert, das mit der Französischen Revolution 1789 begann und 1914 mit dem Ersten Weltkrieg endete. Die theoretische Grundlage der Veränderungen war die Aufklärung, die einherging mit der europäischen Erforschung und Kolonialisierung der Welt. Nationalstaaten entstanden und an die Stelle der starren christlichen Dogmen und religiösen Ausrichtung der feudalen Gesellschaft trat die wissenschaftliche Ausrichtung des Bildungsbürgertums. Mit der Industrialisierung und den naturwissenschaftlichen Erkenntnissen entwickelten sich ungehemmter Fortschrittsglaube und Zukunftsangst gleichermaßen auch im bürgerlichen Kulturbetrieb. Die Abkehr von der Religion und der Bibel als verbindliche Grundlagen der Interpretation der Welt, die gewaltigen technischen Kommunikationsmöglichkeiten, die Dampfschifffahrt, Eisenbahn, Elektrizität nun boten, weckten auch die bürgerliche Neugier. Die moderne Archäologie, Evolutionsbiologie, Chemie, Mikrobiologie, Pathologie oder Medizin haben im langen 19. Jahrhundert ihre wissenschaftlichen Grundlagen. Der völlig neue Blick auf die Welt, die unzähligen Informationen, die über Publikationen in Büchern und Presse in verschiedener Form über die bürgerliche Gesellschaft hereinbrachen, forderten auch neue Formen der Auseinandersetzung. Nahezu jede der unendlich erscheinenden technischen Möglichkeiten, die sich den Menschen eröffnete, warf Fragen nach den Folgen und der moralischen Bewertung auf.

Der Magier Edward Kelly fordert den Geist einer verstorbenen Person auf, in seinen Körper zurückzukehren. Im langen 19. Jahrhundert erlebte der Okkultismus eine Hochkonjunktur. Aus: Sibly, Ebenezer, Astrology, A New and Complete Illustration of the Occult Sciences, London, 1806.

Und neue Bewertungen waren nun auch hinsichtlich anderer Kulturen, gesellschaftlicher Strukturen, Glaubensvorstellungen und Philosophien gefragt. Wie wir im Kapitel 1 (»Die Entdeckung der Vampire«) gesehen haben, zog die aufgeklärte Ablehnung von traditionellen religiösen Vorgaben auch eine Ablehnung des Aberglaubens, des Irrationalen nach sich. Auf der anderen Seite vollzog sich aber angesichts der massiven technologischen und gesellschaftlichen Umbrüche, die von vielen als unbeherrschbar wahrgenommen wurden, eine Flucht ins Irrationale.[103]

Die Romantik, der Okkultismus, esoterische Philosophien, neu erschaffene Glaubenssyteme und nicht zuletzt die Psychoanalyse feierten Hochkonjunktur. Die intellektuelle Auseinandersetzung mit den Herausforderungen jener Zeit spielte sich vor allem in literarischen Zirkeln, in den bürgerlichen Salons und natürlich der Literatur selbst ab, die mit ihren vielfältigen Genres und Strömungen längst zu einem Massenphänomen geworden war. Das Genre, das in Zusammenhang mit dem Thema dieses Buches einer besonderen Würdigung bedarf, ist die Literatur der schwarzen Romantik, eine phantastische Literatur mit recht morbidem Charakter. Die ist allerdings keine Fantasy im heutigen Sinne, sondern weist trotz aller übersinnlichen Elemente und düster romantisierender mittelalterlicher Szenarien in der Regel recht aktuelle Realitätsbezüge auf.

Bereits Ende des 18. Jahrhunderts entdeckte der italienische Arzt und Anatom Luigi Galvani bei Experimenten mit Froschschenkeln, dass Elektrizität

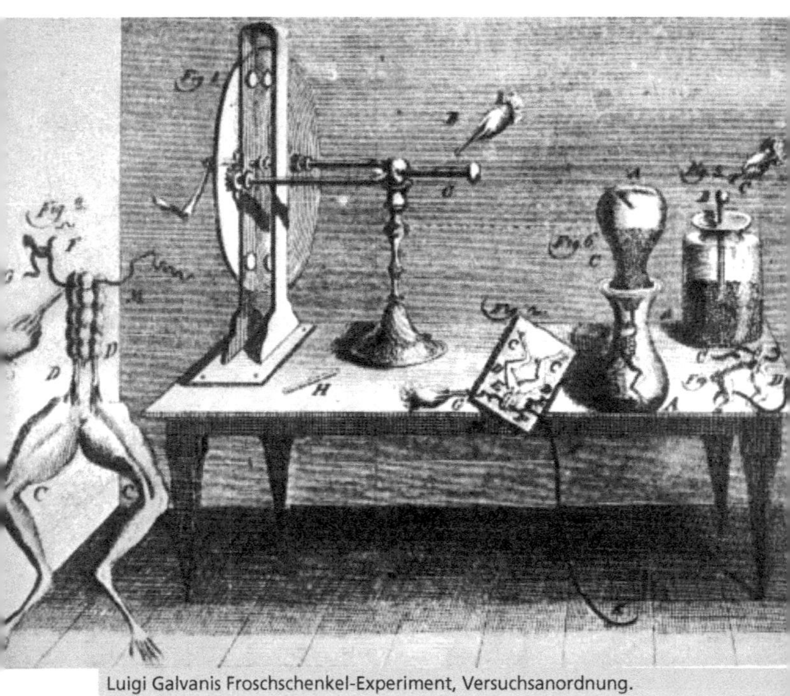

Luigi Galvanis Froschschenkel-Experiment, Versuchsanordnung.

Muskelzuckungen hervorruft.[104] Das Ergebnis waren Experimente anderer Wissenschaftler unter anderem an Leichen, eine umfassende philosophische und medizinische Diskussion über den »Stoff« des Lebens und indirekt wohl auch die Geburtsstunde der modernen Elektrophysiologie. Die Diskussion beinhaltete naturgemäß auch die Frage, ob mit elektrischer Energie Tote wiederbelebt oder gar künstliche Menschen geschaffen werden können. Die mittelalterlichen Alchemisten jedenfalls gingen von ihrer Fähigkeit aus, organische Materialien in künstliche Menschen umzuwandeln. Aus dem Konglomerat zeitgenössischer wissenschaftlicher Entdeckungen und Forschungen, okkulter Weltvorstellungen und philosophisch-moralischer Diskussionen entstand 1819 Shelleys Roman »Frankenstein«, dessen Inhalt im Folgenden kurz zusammengefasst ist:

Von einem unstillbaren Wissensdurst getrieben hatte sich der hochintelligente Schweizer Victor Frankenstein mit alchemistischen Werken der frühen Neuzeit befasst. Während seines Studiums der Naturwissenschaften in Ingolstadt entdeckte er dann das Geheimnis der Belebung toter Stoffe. Kurzerhand trug Frankenstein allerlei technisches Gerät zusammen und bastelte, wahrscheinlich wie in der Filmversion von 1931 dargestellt, aus zusammengeklauten Leichenteilen einen überdimensionierten Menschen. Ästhetisch war das Monstrum ein totaler Flop und kaum hatte er es zum Leben erweckt, floh Frankenstein voller Angst und Ekel aus dem Labor. Dadurch konnte auch das Ungeheuer aus dem Labor entweichen und sich auf die

Suche nach seinem Schöpfer begeben. Im Grunde hatte das wiederbelebte Leichenpuzzle ein recht freundliches Gemüt und es war wohl eher ein Unfall, als ihm der Bruder Victors zum Opfer fiel. Als das Ungeheuer und Victor schließlich wieder zusammentrafen, wurde die Tragödie der künstlichen Schöpfung deutlich. Das namenlose Wesen war so hässlich und furchteinflößend, dass es bei jedem Menschen, auf den es traf, nur Ablehnung erfuhr. Deshalb, so sein Vorschlag, solle ihm Frankenstein eine Partnerin erschaffen, mit der es weitab von der menschlichen Zivilisation in Ruhe leben könne. Kurz vor Vollendung seines Werkes auf einer kleinen Insel der Orkneys vor der schottischen Küste kamen Frankenstein Zweifel an seinem Tun und er vernichtete die Gefährtin des Monsters vor dessen Augen. Des Monsters Rache war schrecklich. Es ermordete Frankensteins Freund und später die Braut seines Schöpfers noch in der Hochzeitsnacht. Als schließlich Frankensteins Vater vor Gram starb, machte sich Victor auf, um seine Schöpfung zu zerstören. Er verfolgte das flüchtige Ungeheuer bis in die Arktis, verstarb aber, bevor er es erledigen konnte. Am Ende zeigte Frankensteins künstlicher Wiedergänger moralische Größe, indem er vor Gram und Schuldbewusstsein, sicherlich aber auch in Erkenntnis der Sinnlosigkeit seines Seins, Selbstmord beging.

Auslöser für Shelleys Werk war ein Treffen 1816 von Schriftstellern in Lord Byrons Villa Diodati am Genfer See. Bei der gemeinsamen Lektüre von Gespenstergeschichten »beschlossen die Anwesenden, selbst phantastische Texte zu verfassen«.[105] Neben »Franken-

Eine Illustration aus der Ausgabe von 1831 des Romans »Frankenstein«. Das Bild zeigt, wie Frankenstein beim Erwachen seiner Schöpfung aus dem Labor flieht.

stein« entstand in diesem Zusammenhang auch der Roman »The Vampyre«[106] von John William Polidori. Der ebenfalls schriftstellernde Arzt und Sekretär des schillernden Autors Byron verlegte den Wirkungskreis des Wiedergängers in die Londoner Gesellschaft, nach Rom und Griechenland. Damit machte Polidori aus dem ursprünglich bäuerlichen, auf den rückständigen, südosteuropäischen Raum beschränkten mörderischen Untoten erstmals einen weltläufigen Edelmann und eleganten, tödlichen Verführer. Dieses Bild sollte fortan den literarischen Vampircharakter und damit auch Bram Stokers blutsaugenden Grafen aus Transsilvanien prägen.

Durch die literarische Rezeption war der Vampir seines volkstümlich-sozialen Zusammenhanges beraubt und als Bild des hemmungslosen Blutsaugers auch zur soziologischen und politischen Allzweckwaffe geworden. Erste Ansätze finden sich bereits in der wissenschaftlichen Diskussion, die sich in der ersten Hälfte des 18. Jahrhunderts anlässlich der Vorkommnisse in den habsburgischen Grenzdörfern entwickelte (siehe Kapitel 2). So bemerkte der Rektor der Gandersheimer Stiftschule Johann Christoph Harenberg 1733 in seinem Traktat »Vernünftige und christliche Gedanken Uber die Vampirs oder Bluhtsaugende Todten«:

»Es gibt sonst eine gute Anzahl lebendiger Vampirs in allen Ständen, für welche man sich am meisten zu hüten hat. DEenn sie ziehen Guht, Muht und Bluht, entweder mit offenbarer Gewalt oder unter den Schein des Rechten an sich. Wenn die Welt von diesen Spitzbuben könnte

gereinigt werden, stünde es viel besser um das menschliche Geschlechte. Wohl dem, der seinen Bissen mit Recht besitzet und in der Furcht des HErrn genießt? O elende Vampirs, welche den Nechsten würgen, peinigen und martern und um das Seinige helfen.«[107]

1764 nahm sich auch Voltaire des toten Blutsaugers in seinem Lexikon der Philosophie an. Hier nutzte er den Begriff, um gegen Börsenspekulanten, Händler und Geschäftsleute zu polemisieren, die in London und Paris eine Menge Blut aus dem Volk saugten. Aber »die wirklichen Vampire«, so der kirchenfeindliche französische Autor der Aufklärung im »Dictionnaire philosophique«, »sind die Mönche, die auf Kosten der Könige und des Volkes essen«.[108]

Das Bild vom Blutsauger erwies sich in seiner politisch-ideologischen Verwendung als wenigstens ebenso mörderisch wie sein Original des südosteuropäischen Volksglaubens. Bereits vor dem Justizmord an Joseph Süß Oppenheimer, dem Finanzberater des schwäbischen Herzogs Karl Alexander von Württemberg, war er als der schlimmste jüdische Blutsauger verschrien.[109] Diese Metapher vom blutsaugenden, geldgierigen Juden war am Ende eines der propagandistischen Instrumente, das den Holocaust ideologisch rechtfertigen sollte. Denn gegen Vampire – das scheint sowohl der naive Volksglaube, vor allem aber die literarische Rezeption zu belegen – gibt es nur ein Mittel: die vollständige Vernichtung. Eine hohe Bildhaftigkeit zeichnet die wissenschaftliche Literatur des 19. Jahrhunderts aus. Und so verwundert

Politische Karikatur aus San Francisco von 1882. Sie zeigt die Grundbesitzer als ausbeuterische Blutsauger in Gestalt der Vampirfledermaus.

es nicht, dass auch Karl Marx den anachronistischen Untoten zur Veranschaulichung in seiner Kritik der politischen Ökonomie verwendet. Nicht nur die Kapitalisten, das Kapital selbst wird hier zum Vampir. Je mehr das Kapital lebendige Arbeit einsauge, desto mehr lebe es, postuliert Marx, insofern sei Kapital verstorbene Arbeit.[110]

»Das konstante Kapital, die Produktionsmittel, sind, vom Standpunkt des Verwertungsprozesses betrachtet, nur da, um Arbeit und mit jedem Tropfen Arbeit ein proportionelles Quantum Mehrarbeit einzusaugen. […] Die Verlängerung des Arbeitstags über die Grenzen des natürlichen Tags in die Nacht hinein wirkt nur als Palliativ, stillt nur annähernd den Vampirdurst nach lebendigem Arbeitsblut.«[111]

Die Verwendung des Vampirbildes als sozialkritische Metapher veranschaulicht nicht nur die mörderische Bösartigkeit des angesprochenen Phänomens oder Personenkreises. Abgeleitet aus dem Aberglauben weist die Übertragung des Blutsaugers auf aktuelle gesellschaftliche Probleme auch auf deren unzeitgemäßen Charakter hin. Ausbeutung, Unterdrückung sind Elemente eines bereits überholten Systems, das mit allen Mitteln, bis hin beispielsweise zur proletarischen Revolution, überwunden werden muss.

Aber Totgesagte leben länger. Und so hat nicht nur der Kapitalismus Zeit, Revolutionen und Krisen überstanden. Auch der Vampir ist uns bis heute sowohl in seiner literarischen als auch in seiner volksgläub-

Holzschnitt (o.J.) von Walter Crane [1845 - 1915]: Schlafender Arbeiter, der vom Vampir Kapitalismus ausgesaugt wird. Der Sozialismus in Person eines Engels vertreibt den Vampir

Teilnehmer einer Demonstration des »Boston Direct Action Project« gegen die Geschäftspraktiken der Weltbank, 2005

ischen Version erhalten geblieben. Mit Bram Stokers 1897 erschienenem »Dracula« hat das unansehnliche, mörderische südosteuropäische Regionalmonster als eleganter Adliger die Welt erobert und damit eine erstaunliche Wandlungsfähigkeit gezeigt. Kein Wunder, denn der Vampir entwickelte sich wie kaum ein anderes Wesen zur Projektionsfläche gesellschaftlicher Probleme, Ängste und Sehnsüchte. Infolge der Ende des 19. Jahrhunderts von Sigmund Freud entwickelten Psychoanalyse erkannte man im blutsaugenden Grafen weitere Eigenschaften. Bis ins Kleinste tiefenpsychologisch seziert steht der literarische Untote nun auch für verdrängte oder versteckte sexuelle Ängste, Bedürfnisse und Gewaltphantasien. Er wird als Spiegel des patriarchalen Rollenverständnisses in der Sexualität interpretiert. Und nicht zuletzt gilt der literarische Vampir des Endes des langen 19. Jahrhunderts bei einigen Forschern auch als Verkörperung sehr moderner Ängste: der Überfremdung der eigenen Gesellschaft durch vermehrungsfreudige Immigranten aus fremden Kulturen und rückständigen Regionen.[112]

Immerhin war Stokers Dracula nicht nur aus der transsilvanischen Pampa nach Großbritannien ausgewandert, er hatte sich auch noch an die Frauen seines Gastlandes herangemacht. Und wer die Tatsache zu Ende denkt, dass ein Vampir mit jedem Biss einen neuen, ebenso produktiven Vampir schafft, dem dürfte klar sein, dass die vampirische Vermehrungsrate selbst diejenige der diesbezüglich legendären Karnickel weit überlegen ist. Der Germanist, Philosoph und Publizist Clemens Ruthner formuliert das Innovative im Vampirbild Stokers folgendermaßen:

Eine Tuschzeichnung des österreichischen Malers Ernst Stör, der die sexuelle Komponente des Vampirs in Gestalt der weiblichen Blutsaugerin hervorhebt. Erstmals 1899 erschienen in der Zeitschrift »Ver Sacrum«.

»Besteht doch die wahre Gefährdung durch den rumänischen Vampirgrafen nicht allein in der Usurpation einzelner Frauenkörper, sondern in der unheimlich effektiven Fortpflanzung der Untoten durch Biss. Aus individueller (krypto)sexueller Belästigung und parasitärer Ausbeutung wird kollektive Gefährdung. Dies lässt befürchten, dass gemäß der Darwinschen Lehre vom survival of the fittest die Vampirspezies eines Tages die Menschheit verdrängen wird – eine Horrorvision Stokers, die mit einem um 1900 vorherrschenden Kulturpessimismus und Sozialbiologismus korrespondiert.«[113]

Neben dem künstlichen Wiedergänger Frankenstein und dem mörderischen südosteuropäischen Untoten machte noch ein anderes von den Toten erwachendes Wesen eine weltweite literarische Karriere im langen 19. Jahrhundert: die Mumie. Angeregt durch die ägyptische Expedition Napoleons 1798 bis 1801 waren Mumien vor allem in der englischen Oberschicht angesagt. Denn mit den aufwendig illustrierten Berichten des napoleonischen Expeditionscorps, dem auch zahlreiche Wissenschaftler und Künstler angehörten, erhielt die in Europa latent vorhandene Orientbegeisterung in Form der Ägyptomanie einen gewaltigen Auftrieb. Die großen europäischen Museen, allen voran der Pariser Louvre und das British Museum, füllten im 19. Jahrhundert ihre Ausstellungsräume und Magazine mit systematisch zusammengeraubten antiken Kulturschätzen vor allem aus Ägypten und dem Orient. Aber auch die gesellschaftlichen Oberschichten beteiligten sich in hohem Maße an der Invasion der Mumien in

Eine Karikatur aus dem Jahre 1806, die sich satirisch mit der Ägyptomanie auseinandersetzt, die infolge der napoleonischen Ägyptenexpedition die britische Oberschicht erfasst hatte.

Europa. Während sich die »Gesellschaft« mit sogenannten Mumien-Auswickelpartys vergnügte, gehörten die ägyptischen Untoten, spätestens als 1821 eine Kopie des Grabes eines oberägyptischen Herrschers in der Londoner Egyptian Hall ausgestellt wurde, ebenfalls zu den beliebten Wiedergängern in der Schauerliteratur. Das begann mit Jane Webb Loudons »The Mummy or A Tale of the Twenty-Second Century« von 1827, die von der Ausstellung inspiriert worden war. Mit »Le roman de la momie« von Théophile Gautier infiltrierte der ägyptische Wiedergänger 1858 auch die französische Literatur. 1903 schließlich fand der bandagierte Untote mit Stokers »The Jewel of Seven Stars« seinen vorläufigen literarischen Höhepunkt.

Ob Frankensteins Monster, ägyptische Mumien oder Vampire, sie alle überlebten, erweckt durch die romantische Schauerliteratur, bis in die heutige Zeit. Der Vampir hat sich dabei allerdings als am vielseitigsten erwiesen. Heute bevölkert er medial längst die ganze Welt als eigene lebende Spezies und hat seine untote Herkunft nahezu völlig abgelegt. Seine offene sozialkritische Funktion ist ihm allerdings ebenfalls abhandengekommen, die hat er, um in der Blutsaugertradition von Karl Marx zu bleiben, längst an die Heuschrecken und die Zombies abgegeben.

Die St. Mary's Church in Whitby mit ihren vielen Grabsteinen, die es neben der Klosterruine Bram Stoker so wohlig schaudern ließ.

Die Untoten des 20. und 21. Jahrhunderts

Düster erhebt sich die Ruine des mächtigen Klosters vor dem verlöschenden Abendhimmel über den Klippen der kleinen ostenglischen Hafenstadt Whitby. Allerlei merkwürdige, meist schwarzgewandete Gestalten, Vampiren und anderen Untoten gleich, streifen durch den Ort und die gewaltige Ruine. Längst ist das rötlich-violette Licht der untergehenden Sonne einer geheimnisvoll-romantischen Illumination der Whitby Abbey gewichen. Finstere, ekstatisch zuckende Wesen mit lautstarken Instrumenten senden schrille Töne über die See, während die Schatten der Untoten, wie von einer magischen Kraft bewegt, dazu tanzen.

Das englische Seebad Whitby ist der Ort, an dem Bram Stoker den Grafen Dracula landen und sein

Unwesen treiben ließ. Im Kapitel VI seines Romans beschreibt Stoker die schwarzromantische Kulisse des Ortes folgendermaßen:

»Right over the town is the ruin of Whitby Abbey, which was sacked by the Danes, and which is the scene of part of ‚Marmion', where the girl was built up in the wall. It is a most noble ruin, of immense size, and full of beautiful and romantic bits. There is a legend that a white lady is seen in one of the windows. Between it and the town there is another church, the parish one, round which is a big graveyard, all full of tombstones.«[114]

Die anfangs beschriebene Szenerie mit den merkwürdigen schwarzgewandeten Gestalten in Lack, Leder, Plüsch und Spitzen vor der dramatisch beleuchteten Ruine stammt allerdings nicht aus Stokers Roman. Vielmehr findet seit 1997 zweimal jährlich das Festival »Whitby Gothic Weekend« statt, das zahlreiche Mitglieder der vielschichtigen Szene anzieht, die nicht ganz zutreffend pauschal als Gothic bezeichnet wird. Die literarische Strömung der schwarzen Romantik, zu der auch die Gothic Novels des viktorianischen England und damit Bram Stokers »Dracula« gehören, ist für die moderne »schwarze Szene« mit ihren morbiden und okkulten Elementen sicherlich anziehend. Eine kulturelle Linie vom langen 19. Jahrhundert zur Subkultur der Goths[115] ist jedoch nicht gegeben. In die Fußstapfen der literarischen Untoten des 19. Jahrhunderts trat vielmehr die junge Filmindustrie, allen voran die Studios in Hollywood. Mit dem deutschen

Szenenbild aus: Nosferatu - Eine Symphonie des Grauens (Stummfilm, silent movie, D 1922, Regie: Friedrich Wilhelm Murnau) Max Schreck in der Hauptrolle

Stummfilm von 1922 »Nosferatu« begründete Friedrich Wilhelm Murnau nicht nur das Genre des Horrorfilms.

Er präsentierte mit seinem Stokers Dracula-Motiv aufgreifenden Werk sehr eindrucksvoll, dass sich der Film innerhalb seiner gerade einmal rund 20-jährigen Geschichte zu einer eigenständigen Kunstgattung entwickelt hatte. Auch Nosferatu ist wie die Schauerliteratur des 19. Jahrhunderts in einer Zeit des Umbruchs entstanden. Die berühmten 20er Jahre zwischen den beiden Weltkriegen waren geprägt von stürmischen technologischen Entwicklungen, Krisen, Aufbruch- und Untergangsstimmungen gleichermaßen. Auch in jener Zeit entwickelte sich das Bedürfnis nach romantischer Weltflucht und der Verklärung vorindustrieller Zeiten. Murnaus Film bediente diese Publikumsbedürfnisse unter kreativem Einsatz der zur Verfügung stehenden Techniken in besonderem Maße. Das zeigt sich nicht zuletzt daran, dass Murnaus Werk bis in die jüngste Zeit Gegenstand zahlreicher wissenschaftlicher Untersuchungen, Sachbücher, politischer und tiefenpsychologischer Interpretationen ist.

In den 20er und 30er Jahren dominierten die Untoten den Horrorfilm. Neben »Frankenstein« und »Dracula«, die 1931 bereits als Tonfilme in die Kinos kamen, 1935 gefolgt von »Frankensteins Braut«, jagte 1932 auch die »Mumie« den Kinobesuchern Schauer über den Rücken. Ihre filmische Auferstehung verdankt sie zweifellos der sensationellen Entdeckung des Grabes von Tutanchamun im Jahre 1922, die einen gewaltigen Medienhype zur Folge hatte. Eine neue Welle der Ägyptomanie ergriff die Welt. Vor allem aber der Tod des Ausgräbers George Herbert Earl of Carnarvon gerade ein Jahr nach der Entdeckung des Grabes führte zum Mythos vom Fluch des Pharao, ein gefundenes Fressen für die Filmindustrie.

Und noch ein Untoter recht zweifelhafter Herkunft gesellte sich zu den altehrwürdigen Wiedergängern: der Zombie. Während der amerikanischen Besatzung Haitis zwischen 1915 und 1934 gerieten auch Elemente des dort herrschenden schwarzafrikanischen Voodoo-Glaubens in die Filmstudios der USA. Natürlich waren es die Elemente, die mit schwarzer Magie, mit der magischen Wiederbelebung Verstorbener zu tun hatten. Man glaubte, der Voodoo-Priester könne Menschen durch einen Fluch in den Scheintod versetzen. Vom Priester wiedererweckt, würden dann willenlose und beliebig einsetzbare Kreaturen entstehen. Mit »White Zombie« wurde dieses Motiv 1932 erstmals filmisch verarbeitet.

Bis heute finden die Untoten aller Kategorien ihren Weg in die Medien der bewegten Bilder. In Kino, Fernsehen oder auf DVD treiben sich die Monster in unterschiedlicher künstlerischer Qualität und Ausführung im Horrorgenre herum.[116] Welche Metamorphosen so mancher Wiedergänger über sich ergehen lassen muss, zeigt die anfangs eher traurige und harmlose Gestalt des willenlosen Zombie. Der wurde im Laufe der 60er Jahre zum selbständig handelnden menschenfressenden Wiedergänger und sein blutiges Treiben der Hauptgegenstand der filmischen Darstellung. Blut und Gewalt beherrschten das immer brutaler werdende Horrorgenre der 70er und 80er Jahre, das mit dem

Kunstwort »Splatter« zum Begriff geworden ist. Die schaurige Atmosphäre der schwarzen Romantik, aus der die Untoten des Films erwuchsen, war zur Präsentation apokalyptischer Massaker geworden. Die Weltuntergangsstimmung gehörte als eine Strömung zum Zeitgeist der 70er und 80er Jahre. Und der Verdacht, dass der eine oder andere der anspruchsvolleren Filme, in denen die Welt von Untoten erobert wird, einen sozialkritischen Hintergrund hat, ist nicht von der Hand zu weisen. Vietnamkrieg, atomares Wettrüsten, Rote Armee Fraktion, Konsumterror, Ölkrise und gesellschaftliche Strukturkrise waren die Eckpunkte der beiden Jahrzehnte, innerhalb derer die jungen Menschen versuchen mussten, ihre Perspektiven zu entwickeln. Eine Strategie bestand im massiven politischen Engagement vor allem im links-alternativen Bereich als Resultat der studentischen Protestbewegungen, 1980 wurde die Partei der Grünen gegründet. Die Flucht der sogenannten Null-Bock-Generation in die verschiedenen Formen der Jugendsubkultur, die sich anfangs vor allem im Punk ausdrückte, stellte eine andere Lösungsstrategie für die gesellschaftlichen Probleme jener Zeit dar. Dabei ist die Null-Bock-Definition für die Verweigerer bürgerlicher Kultur alles andere als zutreffend. Neben der Ablehnung der bürgerlichen Konventionen und der Konsumgesellschaft propagierte und praktizierte der Punk die Freiheit des Individuums, mit der Folge, dass seine Vertreter heute weitestgehend zum Establishment gehören. Und Provokation und Tabubruch waren beileibe nicht das Privileg der schrillen Konsumverweigerer. Die ersten

Auftritte der grünen Parlamentarier ohne Krawatte, dafür aber mit Turnschuhen, standen damals in ihrer schockierenden Wirkung auf die »anständigen Menschen« dem Schrecken der Buntschöpfe mit den zerrissenen Klamotten keineswegs nach. Aber trotz aller Tabubrüche und allen Nonkonformismus, es gab sie natürlich noch, die anständigen Bürger. Und es gab und gibt bis heute anständige und unanständige, heimliche und unheimliche Tabubrecher in allen Schichten der Gesellschaft – ein Grund, weshalb Untote und hier vor allem der Vampir nicht aussterben. Und so gibt es immer mal wieder neue Verfilmungen des klassischen Mumienmotivs je nach Zielgruppe in den Genres Horror, Abenteuer, Fantasy oder Thriller. Die Zombies sind ebenfalls nicht totzukriegen, lassen sie sich doch als Metapher für ganz verschiedene gesellschaftliche Phänomene und vor allem Ängste einsetzen. Frankensteins Monster finden wir nicht nur im Kulturbetrieb, sondern zusammen mit den Zombies auch in der medizinisch-wissenschaftlichen Diskussion wieder. Von allen Untoten sind Draculas Erben allerdings die erfolgreichsten. Denn der gute alte Vampir hat es sogar als bester Freund in die Kinderzimmer, als attraktiver Liebhaber in die Herzen junger Mädchen und als Entertainer in die Welt der Musicals geschafft.

Als 1979 »der kleine Vampir« das Licht der Welt erblickte, da zerfielen das weichgespülte Pädagogikmonsterchen Rüdiger und seine Verwandtschaft nicht zu Staub. Im Gegenteil, die Migranten aus Transsilvanien verbreiteten sich millionenfach durch Bücherserien, Filme, Musicals, Hörbücher oder CDs über die ganze Welt. Immerhin decken die Abenteuer der Helden, des Vampirs Rüdiger und seines menschlichen Freundes Anton, das ganze Spektrum der gesellschaftlichen Probleme ab, mit denen Heranwachsende konfrontiert sind. Multikulti, Integration, Außenseiter- und Randgruppenphänomene, Gewalt und Liebe werden im Rahmen vampirischer Gruselgeschichten aus dem Alltag der beiden Freunde pädagogisch und konsumgerecht aufgearbeitet. Aber trotz aller pädagogischer Bemühungen, Verständnis für das Andersartige, für unterschiedliche Lebensentwürfe, Kulturen, religiöse und soziale Ansichten zu entwickeln, müssen sich die Protagonisten am Ende ihres Prozesses des Erwachsenwerdens für eine Lebensweise entscheiden.

Im Gegensatz zum Volksglauben spielt das Jenseits in der modernen Adaption der Untoten kaum noch eine Rolle. Ja selbst der Charakter des Untoten tritt zugunsten des ewigen Lebens im Diesseits weit in den Hintergrund. Längst vermehren sich Vampire auch durch Sex, sei es untereinander, sei es mit Menschen. Ganze Vampirclans sind auf diese Weise literarisch entstanden, Vampir-Mensch-Mischlinge natürlich auch. Vampire müssen Blut saugen, können sich aber auch in Blutbanken oder bei Tieren bedienen. Vampire können nach wie vor eine Bedrohung für die Menschen sein, können sie aber auch vor Unglück und bösen Artgenossen beschützen. Vampire können Vampirjäger sein, sich mit Werwölfen prügeln oder von menschlichen Vampirjägern gejagt werden. Das Einzige, was die literarischen Jugend-Mainstream-Vampire

THEY WON'T STAY DEAD!

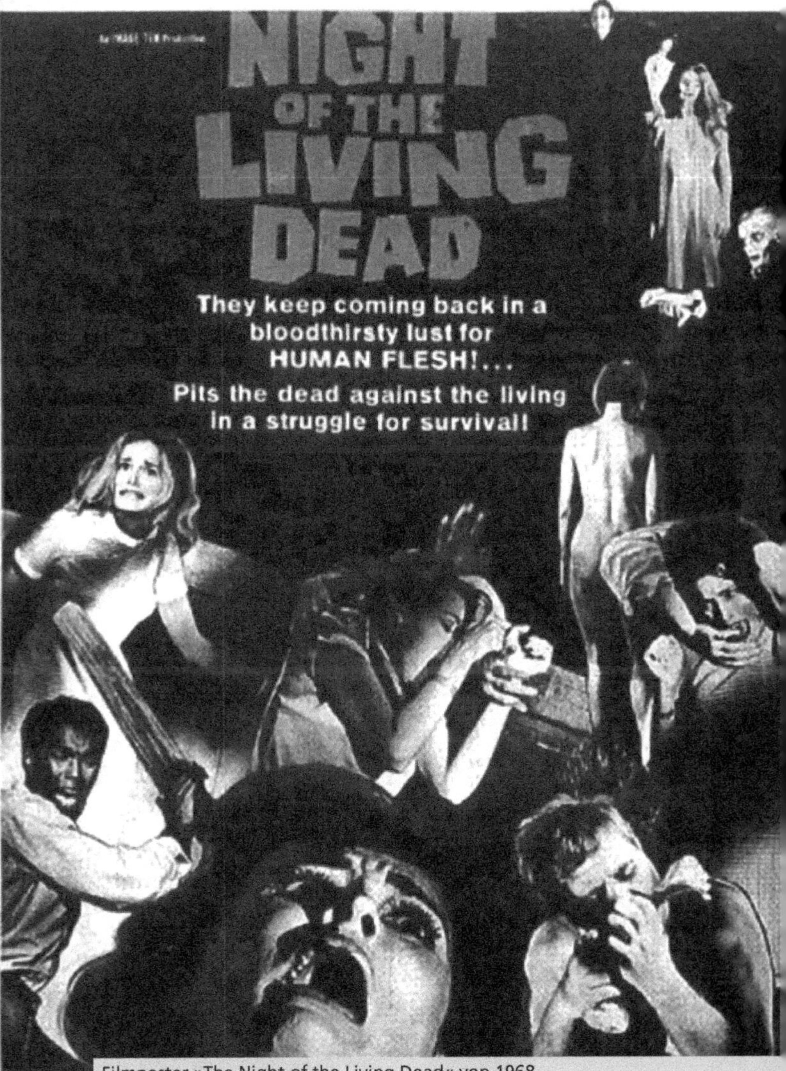

Filmposter »The Night of the Living Dead« von 1968.

JUDITH O'DEA · DUANE JONES · MARILYN EASTMAN · KARL HARDMAN · JUDITH RIDLEY · KEITH WAYNE

der Buffy- und Twilight-Generation[117] von anderen menschlichen oder sagenhaften Fantasygestalten heute unterscheidet, sind die Notwendigkeit, Blut zu trinken, und der berühmte vampirisierende Biss in den Hals – die literarische Erfindung der schwarzen Romantik.

Die Bandbreite, mit der die klassischen Figuren der Untoten literarisch und medial verarbeitet werden, zeigt, wie inhomogen unsere Gesellschaft geworden ist. Es gibt nicht mehr den einen vielbeschworenen Mainstream, es gibt so viele Mainstreams, wie es gesellschaftliche Gruppen gibt. Ein Grundthema scheint allerdings durch nahezu alle Rezeptionen hindurch: das Andersartige, sowohl als Faszinosum als auch als Bedrohung. Mit dem Science-Fiction-Roman »I am Legend« hatte bereits 1954 der amerikanische Schriftsteller Richard Matheson das Thema der Angst vor der Übernahme der Welt durch eine andere Spezies eröffnet. In diesem zuletzt 2007 verfilmten Buch ist es ein Krankheitserreger, der die Menschheit vampirisiert und den größten Teil dahinrafft. Der einzige Mensch, der gegen die Krankheit immun ist, beginnt einen aussichtslosen Kampf gegen die vampirisierten Seuchenopfer. Am Ende haben aber die Vampire eine neue Gesellschaft aufgebaut, für die der letzte Mensch zum Monster geworden ist, das vernichtet werden muss.

Für die Amerikaner sind die filmischen Szenarien von durch Seuchen mutierten Vampir- oder Zombiearmeen beileibe keine reine Fiktion. Am 16. Mai 2011 veröffentlichte einer der Architekten des Programms zur Vorbereitung auf bioterroristische Anschläge und

Geschäftsführer der »Centers for Disease Control and Prevention«, Ali S. Khan, einen Beitrag unter dem Titel »Zombie Apocalypse« im offiziellen Blog der amerikanischen Regierungsinstitution.[118] Unter Verweis auf die einschlägigen Zombiefilme wie »Resident Evil« oder »The Night of the Living Dead« fordert er die Bevölkerung auf, sich auf eine Zombieapokalypse vorzubereiten. »The rise of zombies in pop culture has given credence to the idea that a zombie apocalypse could happen.«[119] Weil also das Aufkommen von Zombies in der Popkultur den Ausbruch einer realen Zombieseuche so glaubwürdig erscheinen lässt, hat Khan mit Hinweis auf den 2003 erschienenen Roman »The Zombie Survival Guide« des amerikanischen Horrorautors Max Brooks gleich einen offiziellen Notfallplan für Zombieangriffe aufgestellt. Der oberste Präventionsmediziner und Katastrophenschützer der Nation wirbt in dem Blogpost für das Katastrophenschutzprogramm seiner Behörde mit dem Argument, dass in dem beschriebenen Szenario Zombies durch die Straßen der Städte ziehend ganze Länder übernähmen und alles Lebende, das ihnen über den Weg läuft, aufäßen.

Es ist aber nicht nur die potenzielle Verdrängung der normalen Menschen durch eine ständig zunehmende Vampirpopulation oder Zombiearmeen, die die Menschheit vor existenzielle Fragen stellt. Die Konkurrenz im Kampf um die Weltherrschaft ist groß. Und am Ende kann es bei der Globalisierung der Wiedergänger nur einen geben, zumindest nach den

Regeln der Welt der Unsterblichen des Highlanders. Der Film »Der Highlander« von 1986 erreichte schnell Kultstatus und fasziniert mit all seinen Ablegern in Film und Fernsehen das Publikum bis heute. Die Wiedergänger erfahren ihren unsterblichen Status durch ihre Auferstehung. So wird der Held der Geschichte, das schottische Clanmitglied Connor McLeod, in einer Schlacht getötet, ohne zu sterben. Von einem anderen Unsterblichen erfährt er die Regeln der nach welchen Kriterien auch immer »Auserwählten«: Unsterbliche können durch Kopfabschlagen vernichtet werden, sie können sich nicht vermehren und sie bekämpfen sich gegenseitig, bis am Ende einer die Kräfte aller in sich vereint und die Welt beherrscht.

Natürlich sind Romane, Filme und nicht zuletzt auch die Online-Rollenspiele mit Vampiren und anderen Untoten zunächst einmal als Unterhaltung gedacht, das war bereits bei der schwarzromantischen Literatur des 19. Jahrhunderts der Fall. Auch das in Deutschland ungebrochen erfolgreiche Musical »Tanz der Vampire« oder die neuesten Mumienfilme wurden nicht unbedingt dazu geschaffen, eine sozialkritische Diskussion oder Überlegungen zur tiefenpsychologischen Befindlichkeit einer im Umbruch befindlichen Gesellschaft in Gang zu setzen. Und trotzdem korrespondieren Themen und die Art der literarischen oder medialen Aufbereitung mit durch die jeweilige Realität verursachten Bewusstseinslagen der Gesellschaft. Ein wenig schlichter ausgedrückt: Was sich verkauft, entspricht dem Zeitgeist. Dieser Erkenntnis folgend, befasst sich in jüngster Zeit auch die Wissenschaft recht interdisziplinär mit den Untoten und hier nicht zuletzt auch mit der sogenannten Trivialliteratur, zu der nach Goethe ohnehin alles gehört, was sich mit Vampiren befasst. 1830 formulierte Goethe in seiner Eigenschaft als Literaturkritiker:

»An die Stelle des schönen Inhalts griechischer Mythologie treten Teufel, Hexen und Vampyre, und die erhabenen Helden der Vorzeit müssen Gaunern und Galeerensklaven Platz machen. Dergleichen ist Pikant! das wirkt! […] In diesem Jagen nach äußeren Effektmitteln aber wird jedes tiefere Studium und jedes stufenweise gründliche Entwickeln des Talents und Menschen von innen heraus ganz außer acht gelassen.«[120]

Nach diesem vernichtenden Urteil hatte sich die anerkannte deutschsprachige Literatur erst sehr spät an Untote und Vampire herangetraut, die eher in Schundromanen ihr literarisches Schattendasein fristeten. Mit Elfriede Jelineks feministischem Drama »Krankheit oder moderne Frauen« von 1987,[121] Alfred Muschgs literarisch-philosophischer Abhandlung »Das Licht und der Schlüssel«, Erziehungsroman eines Vampirs von 1984, fand der Vampir wieder Eingang in das, was in Deutschlands Germanistenwelt als gute Literatur gilt. Nicht zuletzt sei in diesem Zusammenhang auf die Parodie von Herbert Rosendorfer hingewiesen:

»Der Bettler vor dem Café Hippodrom des gebürtigen Südtirolers Herbert Rosendorfer (geb. 1934), der den ehemals berühmten Graf Dracula als arbeitslosen rumänischen Zuwanderer in Deutschland zeigt – ein Pro-

blemfall auch in zahnmedizinischer Hinsicht. Es handelt sich angesichts des Datums der Erstveröffentlichung (1970) geradezu um einen visionären Text – stellt doch auch Stokers Held eine besondere Art von brain-drain vor, in dem aus der Sicht des späten 20. Jhs. die europäische Großparanoia vor illegaler Immigration und dem Revanchismus der ehemals Beherrschten und Marginalisierten Gestalt annimmt.«[122]

Das germanistische Augenmerk liegt überwiegend auf der »guten Literatur«, in der der Leser meist mehr oder weniger deutlich erfährt, welche sozialkritischen, philosophischen oder persönlichen Erkenntnisse und Botschaften der Autor seiner geneigten Leserschaft vermitteln möchte. Die tatsächliche Bedürfnis- und Befindlichkeitslage einer sehr breiten Leserschaft erschließt sich allerdings eher über die Trivialliteratur, zu der auch die KJL gehört. Die schicke Abkürzung bedeutet nichts anderes als Kinder- und Jugendliteratur. Und deren vampirische Protagonisten sind nun auch ins Visier der Forschung geraten. So hat beispielsweise der Fachbereich 3 (Sprach-, Literatur- und Medienwissenschaften) der Universität Siegen im Februar 2011 ein mehrtägiges Symposium mit dem Thema »Der Vampir in den Kinder- und Jugendmedien« organisiert. Im Call for Papers, also dem Aufruf an Wissenschaftler, ihre Vorschläge für Vorträge zum Thema einzureichen, heißt es: *»Das Ziel der geplanten interdisziplinär und auch komparatistisch ausgerichteten Konferenz besteht darin, Wissenschaftler aus verschiedenen Fachrichtungen*

(Medienwissenschaft, Literaturwissenschaft, Pädagogik) zusammenzubringen, um auf diese Weise die aktuelle Forschung zum Vampir zu bündeln und neue Fragestellungen, die für eine künftige Kinder- und Jugendliteraturforschung von Relevanz sind, zu entwickeln. In der Forschung ist der Vampir und seine Funktion innerhalb der Kinder- und Jugendliteratur bislang kaum aufgearbeitet worden.«[123]

Unter dem Titel »Letting the Vampire in« veranstaltete die Ruhr-Universität Bochum im Dezember 2010 eine internationale Konferenz für junge Akademiker.[124] Kaum überraschend, dass sich die Konferenz mit der Flut des Vampirmotivs in der Popkultur befasst. Die jungen Akademiker wollten im interdisziplinären Dialog Licht ins Dunkel des Phänomens bringen. Schließlich, so postuliert der Veranstalter, sei schon allein das Ausmaß des Vampirphänomens innerhalb der letzten fünf Jahre beachtenswert. Über 100 Millionen verkaufte Bücher habe allein Stephenie Meyers Twilight-Saga zu verbuchen. Das hat nicht nur Bewegung in den Büchermarkt gebracht, sondern auch das Interesse am Ursprung des Genres geweckt.

Auch wenn sich der Vampir in der Popkultur derzeit in den Vordergrund drängt, die anderen Untoten werden ebenfalls nicht müde, sich in unsere Phantasie und im wahrsten Sinne des Wortes in unser Leben zu drängen. Mit Frankensteins Experimenten hatte es angefangen, die sogenannten Life-Sciences, also die Biowissenschaften wie beispielsweise Biomedizin, Molekularbiologie oder Bioinformatik, lassen inzwischen die Untoten des 21. Jahrhunderts entstehen. Mit dem Kongress »Die Untoten – Life Sciences & Pulp Fiction«[125] veranstaltete die Kulturstiftung des Bundes im Mai 2011 eine ungewöhnliche Tagung. Da ging es nicht um säuberlich in Vorträgen aufbereitete einzelne Phänomene wie »Der Vampir in der Popliteratur« oder »Fortschritte der Medizin«. Mit der von den Veranstaltern als »monströses Nebeneinander« und »Begegnungsstätte des Disparaten« bezeichneten Wissenschaftsshow wurde der Untote, der Wiedergänger aus den Sphären der literatur- und medienwissenschaftlichen Betrachtung wieder zurück in die Mitte der Gesellschaft geholt. Während wir angesichts spezieller Bestattungsriten und -formen der Vergangenheit, frühgeschichtlicher Mythen oder südosteuropäischen Volksglaubens über die Gefühle, Ängste und Jenseitsvorstellungen unserer Vorfahren spekulieren oder wissenschaftlich räsonieren, nehmen wir die Wiedergänger und Untoten unserer Gegenwartskultur noch kaum wahr. So ist heute die Organspende beinahe ein moralisch-gesellschaftliches Muss, schließlich geht es um Lebenserhalt und Lebensverlängerung, um Menschlichkeit. Ausschlaggebend für die Organentnahme ist der Hirntod. Der wurde als Todeskriterium eingeführt, als es 1968 Prof. Barnard erstmals gelungen war, ein Herz zu verpflanzen.

»Auf die erste Herztransplantation in Südafrika folgte die Entscheidung des Harvard-Komitees in Boston, den Gehirntod als Todeskriterium festzulegen. Vorsitzender war Henry K. Beecher, der in den 50er Jahren die amerikanische Folterforschung beraten hat. In der Villa Schuster,

in der Nähe von Frankfurt am Main, experimentierte die CIA und hier ist er mit dem Dachauer Naziarzt Walter Schreiber häufiger zum ‚Erfahrungsaustausch' zusammengekommen.«[126]

Der gleiche Vorgang würde, unter priesterlicher Aufsicht in einer vor- oder frühgeschichtlichen Kultur praktiziert, von uns als grauenerregendes Blutopfer betrachtet werden. Denn soll das verpflanzte Organ seinen Zweck erfüllen, muss es bei seiner Entnahme noch leben. Dass der Vergleich rein medizinisch-technisch betrachtet hinkt, versteht sich von selbst. Das eigentliche Problem besteht aber nicht in den medizinisch-technischen Möglichkeiten einer Kultur und damit einer Legitimation durch erfolgreiche Transplantation, sondern in deren Verständnis von Tod, Jenseits und der Rolle des menschlichen Körpers für seine Existenz. Während wir die überlieferten oder vermuteten Vorstellungen, die sich hinter den vor- und frühgeschichtlichen Mumifizierungs- oder Bestattungsritualen verbergen, je nach Temperament als gruselig, lächerlich oder bestenfalls unverständlich aburteilen, finden wir es zwar ein wenig schrill, irgendwie aber akzeptabel, dass sich Menschen in der Hoffnung einfrieren lassen, dass es dem medizinisch-technischen Fortschritt irgendwann einmal gelingen würde, gut erhaltene Tote wieder zum Leben zu erwecken und als Wiedergänger auf die Welt loszulassen.

Wie komplex das Thema »Zombies, Untote« bezogen auf unsere heutige gesellschaftliche Wirklichkeit ist, zeigen die Essays, die in Verbindung mit dem Kongress »Die Untoten – Life Sciences & Pulp Fiction« gesammelt und im Internet veröffentlicht wurden.[127] Sie reichen von der Diskussion des Hirntodes und Todesbegriffs über Demenz oder Wachkoma bis hin zum Organhandel, plastischer Chirurgie oder Sinn- und Definitionsfragen. Sind die medizinisch-technischen Aspekte der Wiederbelebung, Lebensverlängerung, Definitionen von Leben und Tod schon außerordentlich vielschichtig, so ist der Zombie, der Untote als Metapher für soziale Probleme wenigstens ebenso ergiebig. Betrachtet man das folgende Zitat von Georg Seeßlen, Mitglied der wissenschaftlichen Kongressleitung, begreift man, wie beinahe beschaulich einfach die Verhältnisse waren, die sich im Bild des sozialen Blutsaugers marxscher Definition widerspiegeln:

»Nach den Menschen, die wir nicht sterben lassen, und nach den Menschen, die sich verbessern und neu erfinden [gemeint ist die plastische Chirurgie, Anm. d. Verf.], geht es um jene sozialen Untoten, die existieren, ohne von der Gesellschaft einen Platz dafür zugeordnet zu bekommen (die überflüssigen Menschen, von denen es allenthalben raunt), oder die ihren Platz durch eigene Schuld verloren haben (Junkies, Fernsehsüchtige, Workaholics und andere, die das Klassenziel des ‚reichen und erfüllten Lebens' so gründlich verfehlt haben, dass sie von ihren Mitmenschen oft als Zombies bezeichnet werden).«[128]

Vampire, Wiedergänger und Untote –

Schlussfolgerungen

Die Vorstellung und kulturelle Verarbeitung von Untoten, Wiedergängern oder Vampiren ist gegenüber ihren jeweiligen ethnologischen Ursprüngen heute unglaublich vielfältig geworden. Sie hat sich zudem teilweise bis zur Unkenntlichkeit verändert. Und so scheint es selbstverständlich, dass immer wieder die Frage nach den Originalen der diversen untoten Spezies aufgeworfen wird. Denn wir brauchen klare Abgrenzungen, Definitionen und die Unterscheidung von Richtig und Falsch. Das Original scheint für uns auch deshalb so wichtig, weil wir, von der naturwissenschaftlich orientierten Aufklärung geprägt, ein evolutionäres Denken entwickelt haben. Wir glauben, dass erst, wenn wir die Ursprünge, das Original kennen, wir auch in der Lage sind, die aktuellen Phänomene zu verstehen. Und da Evolution eine sehr komplexe Angelegenheit mit Parallelentwicklungen, Sackgassen und Neuschöpfungen ist – für den Einzelnen mental kaum zu erfassen –, begnügen wir uns in der Regel mit sehr linearen Entwicklungsvorstellungen. Dabei entgeht uns gelegentlich, dass wir es bei kulturgeschichtlich scheinbar lange bekannten Figuren oder Strukturen in Wirklichkeit immer mal wieder mit gleichnamigen Neuschöpfungen zu tun haben. Ein Beispiel hierfür ist die Demokratie. Wer allen Ernstes glaubt, das Gesellschaftsmodell der antiken griechischen Demokratie habe irgendetwas mit unserer gleichnamigen Regierungsform zu tun, ist völlig auf dem Holzweg und verkennt die zentrale Bedeutung soziokultureller Strukturen für den Inhalt von Begriffen und Bezeichnungen.

Für die Auseinandersetzung mit dem modernen Vampir ist es tatsächlich weitestgehend unergiebig, unter bestimmten Umständen sogar irreführend, Erscheinung, Funktion und Charakter des einzigartigen Blutsaugers südosteuropäischen Volksglaubens bis ins Detail zu kennen. Und trotzdem beginnt jedes Forschungsprojekt zum Vampir der modernen Popkultur mit der Untersuchung der südosteuropäischen »Ursprünge«. Auch bei der Beschäftigung mit der modernen und, wie wir gesehen haben, unglaublich vielschichtigen Zombiekultur scheint man ohne den Hinweis auf die afroamerikanische Voodoo-Religion als Ursprung nicht auszukommen.

Die Figur des »Originalvampirs« war für Bram Stokers gräflichen Blutsauger nicht mehr als eine Idee.

Dracula war keine Weiterentwicklung aus einem alten Volksglauben, sondern die literarische Schöpfung einer völlig neuen Spezies. Nicht anders verhält es sich beispielsweise bei den »Vampiren«, die sich in Stephenie Meyers Romanen herumtreiben, im Diesseits bereits eine Parallelgesellschaft aufgebaut haben und – wenn man die Popkultur in diesem Sinne begreifen möchte – in unseren modernen Volksglauben eingegangen sind. Die bei den Mädchen pubertäres Schmachten verursachenden Highschool-Jünglinge greifen zwar, unter vielen anderen, auch Elemente des literarischen Klassikers auf, lassen sich aber beim besten Willen nicht als literarische Weiterentwicklung von Stokers Dracula begreifen. Am Beispiel der Gothic-Szene wurde ebenfalls deutlich, dass die »Liebe zum Untoten« keine Weiterentwicklung der schwarzen Romantik ist, sondern eine eigenständige zunächst subkulturelle Entwicklung, die sich auch auf Elemente der schwarzen Romantik rückbesinnt. Der Zombie der schwarzafrikanischen Religion erhellt die Hintergründe der amerikanischen Zombieapokalypse ebenso wenig, wie der südosteuropäische Blutsauger oder Bram Stokers Dracula die Vorstellung einer Vampirinvasion aus dem All erklärt.

Die kulturgeschichtliche Betrachtung der Untoten und Wiedergänger hat, wie wir gesehen haben, in vieler Hinsicht dennoch erheblichen Erkenntnisgewinn zur Folge. Die Spuren der Wiedergänger haben uns nach China, in die Südsee, ins archaische Griechenland, das vorchristliche und christliche Europa und nicht zuletzt zur zeitgenössischen Kinder- und

Jugendliteratur geführt. Dabei sind wir ständig auf kulturelle Brüche, Widersprüche, gesellschaftliche, politische und weltanschauliche Neuorientierungen und Konflikte gestoßen. Wir haben an der archäologischen Interpretation von Bestattungsritualen gemerkt, dass die christlich-abendländische Weltsicht das Begreifen der profanen und rituellen Lebensäußerungen anderer Kulturen sehr erschwert. Denn Wiedergängervorstellungen und die vermeintlichen Bannrituale waren offensichtlich weniger von Ängsten, sondern eher von sogenannten Tabus geprägt. Von Tabus, begriffen als Verhaltenskonventionen von Gemeinschaften, die durch verbindliche Rituale identitätsstiftend und sozial stabilisierend wirken. Vor allem diese Erkenntnis ist es, die eine neue Perspektive für die Beschäftigung mit den heutigen Wiedergängern, Untoten und Unsterblichen in Literatur und gesellschaftlicher Vorstellungswelt bieten. Und so betrachten wir im Folgenden die Geschichte der neuzeitlichen und modernen Untoten noch einmal aus einem anderen Blickwinkel:

Mit seinen Vampirberichten aus den habsburgischen Grenzdörfern hatte der Militärarzt Flückinger 1732 eine heftige, aber kurzlebige Debatte in der Gelehrtenwelt ausgelöst. Dabei ging es vor allem um die wissenschaftliche Aufklärung, um den Kampf gegen Aberglauben und Kirche im als rückständig begriffenen Südosteuropa. Heute, recht genau 280 Jahre später, ist es wieder ein Militärarzt, der sich unter beinahe umgekehrten Vorzeichen mit einem Untotenphänomen auseinandersetzt. Ausgerechnet im mächtigsten Land der Erde, im Zentrum des Fortschritts- und Technologieglaubens, nutzt der oberste Katastrophenschützer den Aberglauben der christlich fundierten amerikanischen Gesellschaft zur Vermittlung seines nationalen Seuchenpräventions- und Notfallprogramms. Bei genauerer Betrachtung dieses Phänomens wird deutlich, wie sehr sich die Welt seit der ersten neuzeitlichen Vampirdebatte geändert hat. Zunächst einmal hat sich der Vampir offensichtlich mit diversen anderen Untoten gepaart und in einem evolutionären Schub eine Vielzahl neuer Varianten hervorgebracht, die für den Kampf ums Überleben bestens ausgestattet sind: vielseitig, körperlich und geistig extrem flexibel, gegen moralische, menschliche, soziale und kulturelle Barrieren weitestgehend immun und daher extrem anpassungsfähig. Gegenüber biologischen Reproduktionsmechanismen sind ihre Vermehrungsmöglichkeiten wesentlich umfangreicher und effektiver. Und im Gegensatz zu Stokers Dracula sind sie für ihre Ausbreitung längst nicht mehr auf materielle Verkehrsmittel angewiesen. Die sichtbarsten Spuren hinterlassen die Untoten mittlerweile in den Weiten des Internets, wie unter anderem meine Quellenhinweise belegen. Und nicht zuletzt sind aus den ursprünglich reinen Einzelkämpfern Massenbewegungen geworden, die die reale und virtuelle Welt zu überfluten und die Menschheit zu vernichten drohen. Die Untoten und Wiedergänger alten, abergläubischen Schlages sind dieser Evolution längst zum Opfer gefallen, ihre Nachkommen sind als völlig neue Spezies zur kulturellen und gesellschaftlichen Wirklichkeit geworden und dabei, die letzten Menschen vom Angesicht der Erde zu vertilgen. Und die Mensch gewordenen Untoten haben längst ihren eigenen Aberglauben mit dazugehörigen rituellen Strukturen entwickelt. Schlagwortartig seien hier genannt: »Hauptsache Arbeit«, »industrielle Wettbewerbsfähigkeit«, »Globalisierung«, »Restrisiko«, »Finanzkrise« oder »Alternativlosigkeit«.

Diese Entwicklung und die vorliegende Auseinandersetzung mit »Dracula und Co« zeigen, dass Vampire, Untote und Wiedergänger eben nur aus christlich-abendländischer Sicht lediglich Gestalten des Aberglaubens, der Märchen oder Phantasie sind. Tatsächlich sind sie als Spiegelbild gesellschaftlicher Vorstellungen, Gemütslagen und Differenzierungen kulturelle Realität, die über reine Fiktion hinausgeht. Und genau das sind sie immer gewesen.

Es ist vor diesem Hintergrund begrüßenswert, dass nun auch die Wissenschaft in interdisziplinärer Breite die Diskussion aufgreift, die vor 280 Jahren überwiegend von Ärzten lediglich angerissen wurde. Wenn das Buch ein wenig zu dieser längst überfälligen Diskussion beiträgt und durch die eine oder andere durchaus beabsichtigte Provokation auch zu einem gelegentlichen Perspektivwechsel anregt, ist für mich als Autor der Zweck dieser Publikation erfüllt. Und vielleicht findet die interdisziplinäre Gesellschaftsdiskussion, die »Vampir und Co« allein aufgrund ihrer jüngsten literarischen und medialen Erfolge ausgelöst haben, am Ende auch noch Eingang in die Realpolitik. Wenn sie hier das einer Kulturgesellschaft unwürdige statistisch-technokratische Weltverständnis ein wenig auflockern würde, wäre auch die Gefahr gebannt, dass ich wegen unerledigter Aufgaben nach meinem Ableben das Grab verlassen und mit meinen bis dato noch unveröffentlichten Traktaten die Lebenden heimsuchen muss.

Anhang

Literaturempfehlungen

Die derzeit wahrscheinlich kompetenteste Auseinandersetzung mit der Figur des Vampirs im Volksglauben unter Berücksichtigung historischer, ethnologischer und soziokultureller Aspekte, mit einem vergleichenden Überblick über nichtvampirische Wiedergänger und Geschöpfe des Volksglaubens.

Kreuter, Peter Mario, Der Vampirglaube in Südosteuropa. Studien zur Genese, Bedeutung und Funktion. Rumänien und der Balkanraum, Berlin 2001.

Ein umfangreiches und wissenschaftlich fundiertes Buch über natürliche und künstliche Mumifizierung, archäologische Funde, Totenkulte und Bestattungsrituale in aller Welt, entstanden als Essayband zur gleichnamigen Ausstellung.

Wieczorek, Alfried u. a., Mumien. Der Traum vom ewigen Leben, Mainz 2007.

Eine interessante Darstellung der Auseinandersetzung mit den archäologischen Hinterlassenschaften der keltischen Kultur/Gesellschaft, die gleichzeitig tiefe Einblicke in den Zusammenhang zwischen keltischen Bestattungsriten und Gesellschaftsstruktur gibt.

Kuckenburg, Martin, Das Zeitalter der Keltenfürsten. Eine europäische Hochkultur, Stuttgart 2010.

Eine geradezu kriminalistische Auseinandersetzung führen die Wissenschaftler Anne Ross und Don Robins bei der Aufklärung der Hintergründe des Todes des sogenannten Lindow-Mannes.

Robins, Don/Ross, Anne, Der Tod eines Druidenfürsten. Die Geschichte einer archäologischen Sensation, Köln 1990.

Die Geschichte der geistigen Reise eines christlichen Mönchs, der von einem angelsächsischen Schamanen in die Geheimnisse der Geisterwelt eingeführt wird, liefert einen anschaulichen und unterhaltsamen Einblick in die Seelenreisen der Schamanen. Die Ereignisse des Romans sind auf der Basis einer Sammlung angelsächsischer Originaltexte aus dem 11. Jahrhundert rekonstruiert.

Bates, Brian, Wyrd. Der Weg eines angelsächsischen Zauberers, München 1984.

Webseiten

Zentrales Verzeichnis digitalisierter Drucke vom 15. bis zum 21. Jahrhundert, ein hervorragendes Online-Instrument zur Recherche in Originaltexten. Hier sind auch die Traktate der Vampirdiskussion Anfang des 18. Jahrhunderts zu finden.

http://www.zvdd.de/startseite/

75 Artikel zum Thema Untote sind hier im Rahmen des Kongresses »Die Untoten – Life Sciences & Pulp Fiction« veröffentlicht worden.

http://www.untot.info/2-0-Start.html

Das Magazin der Kulturstiftung des Bundes, Ausgabe 16, beinhaltet mehrere interessante Aufsätze zur aktuellen Diskussion über Untote.

http://www.kulturstiftung-des-bundes.de/cms/de/mediathek/magazin/magazin16/index.html

»Kakanien revisited« ist eine Plattform für interdisziplinäre Forschung und Vernetzung im Bereich Mittelost- bzw. Zentral- und Südosteuropas; sie besteht seit 2001 und wird vom Österreichischen Bundesministerium für Wissenschaft und Forschung und der Universität Wien gefördert. Aufsätze, Studien, Essays und Rezensionen stehen dauerhaft als zitierbare PDF-Dokumente – online oder für den Download – zur Verfügung.

http://www.kakanien.ac.at/beitr/vamp

Die Seite des »Vampir Clubs« bietet neben Szeneinformationen auch ein Lexikon zum Thema Vampire. Es handelt sich zwar nicht um ein wissenschaftliches Lexikon, das Nachschlagewerk bietet aber recht brauchbare und um Korrektheit bemühte Basis- und Hintergrundinformationen.

http://www.vampir-club.de/lexikon/start.php

Internet Sacred Text Archive stellt historische Texte zu Religion, Mythologie, Folklore und Esoterik zweisprachig (Originalsprache und englische Übersetzung parallel) zur Verfügung.

http://www.sacred-texts.com/index.htm

Jede Menge Vampirliteratur, Filminfos, Infos über Vamire, Termine und vieles mehr bietet die deutschsprachige Seite »Bibliothèque des vampires«.

http://www.bibliotheque-vampires.de/

Anmerkungen

1 Vgl. E., W. S. G.: Curieuse und sehr wunderbare Relation von denen sich neuer Dingen in Servien erzeigenden Blut-Saugern oder Vampyrs, aus authentischen Nachrichten mitgetheilet, und mit Historischen und Philosophischen Reflexionen begleitet, 1732 (Digitalisat der Universitätsbibliothek Göttingen, http://resolver.sub.uni-goettingen.de/purl?PPN511539991).

2 Vgl. a. a. O., S. 005.

3 Vgl. a. a. O, S. 006.

4 Vgl. Kreuter, Peter Mario, Der Vampirglaube in Südosteuropa. Studien zur Genese, Bedeutung und Funktion. Rumänien und der Balkanraum, Berlin 2001.
1718 fielen mit dem Frieden von Passarowitz zwischen Österreich und dem Osmanischen Reich große Teile Serbiens, die Kleine Walachei und das Banat an die Donaumonarchie. Mit dem Frieden von Belgrad 1739 blieb den Habsburgern von den 1718 eroberten Gebieten das Banat, eine Region, die Gebiete der heutigen Staaten Ungarn, Serbien und Rumänien umfasst. Recht bald wurde mit dem Ausbau einer militärisch strukturierten Verwaltung begonnen, deren Generalkommandanturen (Banat, Kleine Walachei, Serbien) direkt der Kommission für die »Neoacquistica« in Wien unterstanden.

5 Siehe a. a. O., S. 85.

6 Das Nürnberger »Commercium litterarium ad rei medicae et scientiae naturalis incrementum institutum« (1731–1745) ist die erste medizinische Wochenschrift in Deutschland. Herausgeber und verantwortlicher Redakteur ist der Nürnberger Arzt und Naturforscher Christoph Jacob Trew (1695–1769). Das »Commercium litterarium« stellt einen Meilenstein im medizinischen Journalismus dar. Vgl. Rau, Tilman T. R., Das Commercium Litterarium, Die erste medizi-

nische Wochenschrift in Deutschland und die Anfänge des medizinischen Journalismus, Bremen 2009.

7 Zedler, Johann Heinrich (Hg.), s. v. Vampyr, in: Grosses vollständiges Universallexicon aller Wissenschaften und Künste, Bd. 46, 1745, Sp. 474–479.

8 Autorenkollektiv, s. v. Vampir, in: Meyers Konversationslexikon, Bd. 16, 4. Auflage, Leipzig und Wien 1885–1892, S. 45.

9 Vgl. Reiter, Christian, Der Vampir-Aberglaube und die Militärärzte, S. 1, in: http://www.kakanien.ac.at/beitr/vamp/CReiter1.pdf, 17.08.2009.

10 Vgl. a. a. O., S. 11.

11 Vgl. a. a. O., S. 9.

12 Vgl. a. a. O., S. 5.

13 Vgl. Kreuter, Der Vampirglaube, S. 97.

14 Vgl. Unterholzner, Bernhard, Vampire im Habsburgerreich, Schlagzeilen in Preussen, S. 1, in: http://www.kakanien.ac.at/beitr/vamp/BUnterholzner1.pdf, 25.08.2009.

15 Vgl. a. a. O., S. 2.

16 Vgl. a. a. O., S. 2.

17 Vgl. a. a. O., S. 3.

18 Vgl. Kreuter, Der Vampirglaube, S. 193 ff.

19 Vgl. a. a. O., S. 31.

20 Vgl. a. a. O., S. 193, Abs. 1.

21 Vgl. a. a. O., S. 29–31.

22 Vgl. a. a. O., S. 19.

23 Vgl. a. a. O., S. 19.

24 Vgl. a. a. O., S. 32–37.

25 Vgl. a. a. O., S. 36.

26 Vgl. a. a. O., S. 39.

27 Vgl. a. a. O., S. 186–188.

28 Vgl. a. a. O., S. 193, Abs 2.

29 Vgl. a. a. O., S. 130–142.

30 Schaub, Hagen, Knochen und Bestattungsriten. Die Bedeutung archäologischer Funde zum Wiedergänger- bzw. Vampirglauben, S. 1, in: http://www.kakanien.ac.at/beitr/vamp/HSchaub1.pdf, 21.12.2009.

31 Vgl. a. a. O., S. 3.

32 Vgl. a. a. O., S. 3.

33 Vgl. Schwerdt, Wolfgang, Andre Zeiten, andre Drachen. Eine Kulturgeschichte der Drachen, Berlin 2010, S. 51–53.

34 Vgl. a. a. O., S. 26, 27.

35 Vgl. Schaub, Knochen, a. a. O. An einigen Beispielen zeigt Schaub in seinem Aufsatz, dass vermeintlich eindeutig auf Abwehrmaßnahmen gegen Wiedergänger hinweisende Leichen- und Grabmanipulationen auch andere Interpretationsmöglichkeiten bieten.

36 Vgl. http://www.spiegel.de/wissenschaft/mensch/0,1518,613365,00.html. 18.07.11

37 Auffällig ist, dass sich die Artikel in den Medien in ihren Kernaussagen und Zitaten sehr ähneln. Es darf also davon ausgegangen werden, dass den Berichten überall die gleiche, von der Universität von Florenz herausgegebene Ausgangsinformation zugrunde lag und somit die jeweiligen Zitate korrekt wiedergegeben sind.

38 Schaub, Knochen, a. a. O., S. 13.

39 Vgl. a. a. O., S. 5.

40 Vgl. a. a. O., S. 10.

41 Vgl. a. a. O., S. 11.

42 Vgl. Kreuter, Der Vampirglaube, S. 20, 21.

43 Vgl. a. a. O., S. 22.

44 Vgl. a. a. O., S. 23–26.

45 Vgl. Smolny, Conny, Komm, sanfter Tod, des Schlafes Bruder. Eine Kulturgeschichte des Todes, Berlin 2010, S. 12, 15.

46 Vgl. Levy, Joel, Lost Cities. Versunkene Städte der Vergangenheit, Stuttgart 2008, S. 16.

47 Vgl. a. a. O., S. 20.

48 Vgl. a. a. O., S. 20.

49 Vgl. a. a. O., S. 20.

50 Vgl. Teegen, Wolf-Rüdiger, Schädelmasken aus der Siedlung Hunte 1 am Dümmer, in: Maraszek/Meller (Hg), Masken der Vorzeit in Europa (I), Halle 2010, S. 127–137.

51 Vgl. a. a. O., S. 134.

52 Vgl. Günther, Eva-Maria, Mumien aus Ozeanien – eine kurze Übersicht, in: Wieczorek, Alfried u. a. (Hg.), Mumien. Der Traum vom

ewigen Leben, Mainz 2007, S. 113–116.

53 Vgl. a. a. O., S. 116.

54 Vgl. a. a. O., S. 116.

55 Vgl. a. a. O., S. 114.

56 Vgl. Heermann, Ingrid, Südseeoasen. Leben und Überleben im Westpazifik, Stuttgart 2009, S. 123.

57 Vgl. a. a. O.

58 Werning, Jeanette, Mumien in China, in: Wieczorek u. a., Mumien, S. 124.

59 Vgl. a. a. O., S. 124.

60 Vgl. a. a. O., S. 124, 125.

61 Vgl. a. a. O., S. 126.

62 Vgl. a. a. O., S. 126, 127.

63 Vgl. Kerneck, Barbara, Die Altaische Lady und ihre Gefährten – Mumien aus der skythischen Pazyryk-Kultur, in: Wieczorek u. a., Mumien, S. 137–139.

64 Vgl. a. a. O., S. 138.

65 Vgl. The History of Herodotus, 4,71–4,73 parallel English/Greek, hg. und übers. von G. C. Macaulay, o. O. 1890, http://www.sacred-texts.com/cla/hh/hh4070.htm. 18.07.11.

66 Vgl. a. a. O., 4,71. Aus dem englischen Übersetzt vom Autor.

67 Vgl. a. a. O., 4,73. Aus dem englischen Übersetzt vom Autor.

68 Vgl. Kuckenburg, Martin, Das Zeitalter der Keltenfürsten. Eine europäische Hochkultur, Stuttgart 2010, S. 19, 20. Vgl. auch http://www.keltenmuseum.de/.

69 Vgl. Spindler, Konrad, Die frühen Kelten, Stuttgart 1983, S. 161–163.

70 Vgl. Kuckenberg, Keltenfürsten, S. 68.

71 Vgl. Schwab, Gustav, Die schönsten Sagen des klassischen Altertums, München 1980, S. 130–132.

72 Vgl. Schwerdt, Andre Zeiten, S. 40–43.

73 Vgl. Schwab, Die schönsten Sagen, S. 534.

74 Vgl. a. a. O., S. 536, 537.

75 Vgl. Bates, Wyrd. Die Geschichte der geistigen Reise eines christlichen Mönchs, der von einem angelsächsischen Schamanen in die Geheimnisse der Geisterwelt eingeführt wird, liefert einen anschaulichen und unterhaltsamen Einblick in die Seelenreisen der Schamanen. Die Ereignisse des Romans sind auf der Basis einer Sammlung angelsächsischer Originaltexte rekonstruiert.

76 Vgl. Kuckenburg, Keltenfürsten, S. 153, 154.

77 Vgl. Schwab, Die schönsten Sagen, S. 374–380. Mit der Leichenfeier des Patroklos beschreibt Homer in der »Ilias« – sicherlich ein wenig übertrieben – den gewaltigen Aufwand, den eine fürstliche Bestattung bei den archaischen Griechen bedeutete. Da wurde ein ganzer Wald zur Errichtung des Scheiterhaufens für den gefallenen Freund des Achilleus abgeholzt. Ein Trauerzug aus Tausenden von Menschen brachte den Toten zum Bestattungsort. Eine Menge Schafe und Rinder wurden um den Scheiterhaufen geschichtet, gegen die Bahre wurden Honig- und Ölkrüge gelehnt, viele lebendige Rosse auf den Scheiterhaufen geworfen, zwei Haushunde und zwölf trojanische Kriegsgefangene geschlachtet und dem Krieger beigegeben. Um den Scheiterhaufen zum Brennen zu bringen, musste Achilleus seine Beziehungen zu den Göttern ausspielen, die nach entsprechenden Aufforderungen und Trankopfern die nötigen Winde vorbeischickten. Als der gewaltige Haufen niedergebrannt war, wurde ringsherum eine Steinpackung gelegt und schließlich mit Erde ein mächtiger Grabhügel aufgehäuft. Es folgten mehrtägige Wettkämpfe.

78 Vgl. Ross, Anne/Robins, Don, Der Tod des Druidenfürsten. Die Geschichte einer archäologischen Sensation, Köln 1990.

79 Vgl. a. a. O., S. 131 ff.

80 Vgl. a. a. O., S. 80 ff.

81 Vgl. a. a. O., S. 72.

82 Vgl. a. a. O., S. 73.

83 Vgl. Green, Miranda Jane, Keltische Mythen, Stuttgart 1994, S. 10–17.

84 Vgl. a. a. O., S. 30, 40.

85 Vgl. a. a. O., S. 12/13.

86 Vgl. a. a. O., S. 15.

87 Vgl. Hetmann, Frederik, Die Reise in die Anderswelt. Feengeschichten und Feenglaube in Irland, München 1996, S. 145.

88 Vgl. a. a. O., S. 193.

89 Vgl. Goodrich, Norma Lorre, Die Ritter von Camelot. König Artus, der Gral und die Entschlüsselung einer Legende, München 1994.

90 Schubert, Alexander, Heilserwartung und Wiederkehrglaube, in: Wieczorek, Alfried (Hg.), Die Staufer und Italien. Drei Innovationsregionen im mittelalterlichen Europa, Essays, S. 33.

91 Vgl. a. a. O., S. 37.

92 Vgl. a. a. O., S. 37.

93 Vgl. a. a. O., S. 38.

94 Vgl. Nyssen, Wilhelm/Sonntag, Franz-Peter, Der Gott der wandernden Völker. Frühe christliche Zeugnisse der keltisch-germanischen Stämme von Västergötland bis Asturien, Leipzig 1969.

95 Vgl. Schwerdt, Andre Zeiten, S. 72.

96 Vgl. Wunn, Ina, Mumien in Klöstern und Kirchen – Mönche, Päpste und Fürsten, in: Wieczorek u. a., Mumien, S. 144 ff.

97 Vgl. a. a. O., S. 146.

98 Vgl. Historisches Museum Speyer (Hg.), Des Kaisers letzte Kleider. Neue Forschungen zu den organischen Funden aus den Herrschergräbern im Dom zu Speyer, München 2011.
Im Rahmen einer gleichnamigen Sonderausstellung vom 10.04. bis zum 30.10.2011 anlässlich des Salierjahres wurden die ersten Ergebnisse des 2009 begonnenen Forschungs-, Konservierungs- und Re-

staurationsprojektes zum Erhalt der Artefakte aus den Kaiser- und Königsgräbern im Dom zu Speyer vorgestellt.

99 Fitzenreiter, Martin, Tod und Tabu. Der Tote und die Leiche im kulturellen Kontext Altägyptens und Europas. In: Die ägyptische Mumie – ein Phänomen der Kulturgeschichte. http://www2.rz.hu-berlin.de/nilus/netpublications/ibaes1/Fitzenreiter/text1.html, S. 11, 19.08.1998.

100 Vgl. Smolny, Sanfter Tod, S. 26.

101 Vgl. a. a. O., S. 27–29.

102 Vgl. Ruther, Clemens, Sexualität Macht Tod/t, Prolegomena zu einer Literaturgeschichte des Vampirismus, S. 8, in: http://www.kakanien.ac.at/beitr/fallstudie/CRuthner1.pdf. 18.07.2011.

103 Vgl. Schwerdt, Andre Zeiten, S. 107–109.

104 Vgl. Otto, Tim/Engel, Britta, Experimente mit zuckenden Froschschenkeln, in: Berliner Zeitung. http://www.berlinonline.de/berliner-zeitung/archiv/.bin/dump.fcgi/1998/1202/wissenschaft/0005/index.html, 02.12.1998.

105 Ruther, Sexualität Macht Tod/t, S. 7.

106 Vgl. Polidori, John William, The Vampyre. A Tale, London 1819. http://www.gutenberg.org/catalog/world/readfile?fk_files=1462012&pageno=1, 21.10.2009.

107 Harenberg, Johann Christoph, Vernünftige und christliche Gedanken Uber die Vampirs oder Bluhtsaugende Todten, Wolffenbüttel 1733, § XLIV, Sp. 130 (Digitalisat der Niedersächsischen Staats- und Universitätsbibliothek Göttingen). http://gdz.sub.uni-goettingen.de/dms/load/img/?PPN=PPN504439782. 18.07.2011.

108 Ruther, Sexualität Macht Tod/t, S. 9.

109 Vgl. a. a. O., S. 10.

110 Vgl. Marx, Karl, Das Kapital. Zur Kritik der politischen Ökonomie, Bd. 1, in: Institut für Marxismus-Leninismus beim ZK der SED (Hg.), Marx/Engels Werke, Bd. 23, Berlin 1977, S. 247.

111 Vgl. a. a. O., S. 271.

112 Vgl. Ruther, Sexualität Macht Tod/t, S. 11.

113 Vgl. a. a. O., S. 11.

114 Stoker, Bram, Dracula, New York 1897, S. 59.

115 Zu den meist voneinander unabhängigen, sich jedoch auch überlappenden Strömungen der schwarzen Szene gehören neben dem Gothic auch Teile der Mittelalter- oder der Sado-Maso-Szene. Der Bezug zum romantischen Mittelalter ist der ursprüngliche Hintergrund des Begriffs »Gothic« des 19. Jahrhunderts. Die moderne schwarze Subkultur hat sich seit den 80er Jahren aus unterschiedlichen Jugendkulturen entwickelt, die eng mit bestimmten Musikrichtungen wie Punk, Wave, Metal oder Hardrock verbunden sind.

116 Vgl. Online-Filmdatenbank. Hier kann sich der Besucher nach verschiedenen Kriterien und Genres sortierte Filmlisten mit Kurzinformationen zusammenstellen lassen. http://www.ofdb.de/view.php?page=start. 16.05.2011.

117 Buffy ist die mit dämonischen Kräften ausgestattete Vampirjägerin, die ihre Karriere 1997 mit einer erfolgreichen mehrstaffeligen Fernsehserie startete und inzwischen ebenso wie Twilight Kultstatus erreicht hat.

118 Vgl. den offiziellen Blog der Centers for Disease Control and Prevention: http://emergency.cdc.gov/socialmedia/zombies_blog.asp, 16.05.2011.

119 Vgl. a. a. O.

120 Ruther, Sexualität Macht Tod/t, S. 8.

121 Vgl. Meierhenrich, Doris, Textvampirismus, in: http://www.berlinonline.de/berliner-zeitung/archiv/.bin/dump.fcgi/2003/0310/feuilleton/0242/index.html, 10.03.2003.

122 Ruther, Sexualität Macht Tod/t, S. 9.

123 http://www.uni-siegen.de/fb3/vampirtagung2011/cfp.html?lang=de, 23.05.2011.

124 Vgl. http://www.research-school.rub.de/letting_the_vampire_

in_2010.html, 23.05.2011.

125 Der Kongress war ein Projekt der Kulturstiftung des Bundes in Kooperation mit Kampnagel Internationale Kulturfabrik und der Berlin-Brandenburgischen Akademie der Wissenschaften. Zum Konzept und Programm: http://www.kulturstiftung-des-bundes.de/cms/de/programme/die_untoten/index.html. Aufsätze zum Thema sind veröffentlicht in: Das Magazin der Kulturstiftung des Bundes No 16, http://www.kulturstiftung-des-bundes.de/cms/de/mediathek/magazin/magazin16/. 23.05.2011

126 Homepage: Die Untoten – Life Sciences & Pulp Fiction, http://www.untot.info/4-0-Programm.html, 23.05.2011.

127 Vgl. http://www.untot.info/2-0-Start.html, 23.05.2011.

128 http://www.kulturstiftung-des-bundes.de/cms/de/mediathek/magazin/magazin16/seesslen/, 23.05.2011.

Abbildungsverzeichnis

Bildarchiv Preußischer Kulturbesitz:
S. 6, 42, 47, 57, 69, 73, 111

Ethnologische Lehr- und Forschungssammlung
der Georg-August-Universität Göttingen:
S. 49

picture alliance:
S. 121

Wikimedia Commons:
S. 14, 39, 51, 66, 76, 78, 82, 90, 92, 101, 103, 106, 109,
112 (Justin McIntosh), 114, 116, 118, 127

Wolfgang Schwerdt:
S. 94, 96